JN441201

한국교회 3355 모여라

한국교회 3355 모여라

지은이 | 김성중
초판 발행 | 2026. 1. 28.
등록번호 | 제1988-000080호
등록된 곳 | 서울특별시 용산구 서빙고로65길 38 두란노빌딩
발행처 | 사단법인 두란노서원
영업부 | 02)2078-3333　FAX | 080-749-3705
출판부 | 02)2078-3331

책값은 뒤표지에 있습니다.
ISBN 978-89-5248-9　03230

독자의 의견을 기다립니다.
tpress@duranno.com　www.duranno.com

두란노서원은 바울 사도가 3차 전도여행 때 에베소에서 성령 받은 제자들을 따로 세워 하나님의 말씀으로 양육하던 장소입니다. 사도행전 19장 8-20절의 정신에 따라 첫째 목회자를 돕는 사역과 평신도를 훈련시키는 사역, 둘째 세계선교(TIM)와 문서선교(단행본·잡지) 사역, 셋째 예수문화 및 경배와 찬양 사역, 그리고 가정·상담 사역 등을 감당하고 있습니다. 1980년 12월 22일에 창립된 두란노서원은 주님 오실 때까지 이 사역들을 계속할 것입니다.

한국교회 3355 모여라

김성중

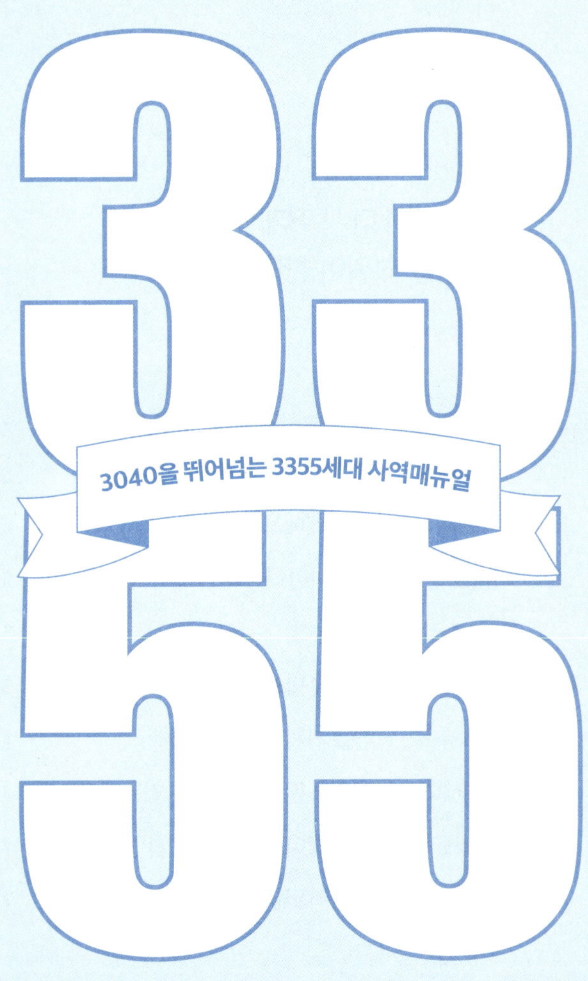

두란노

Contents

2부 3355세대의 자녀를 세우는 데 에너지를 집중해야 한다

3부 3355세대를 위한 성경구절 가이드

추천사

한국교회에 중추적인 역할을 감당해야 하는 30~50대가 급감하고 있는 안타까운 현실 가운데서 새로운 돌파구를 마련해 줄 귀한 책이 출간되었습니다. 저자는 학문과 현장을 아우르는 신학교 교수이면서 다음 세대를 사랑하는 전문 사역자로서 한국교회가 나아가야 할 방향을 제시해 주고 있습니다. 이 책은 3355세대의 신앙을 세워 가는 목회 전략서일 뿐만 아니라, 3355세대 자녀들을 살리는 다음 세대 사역 안내서입니다. 이 책을 통해 목회의 새로운 지평이 열리기를 소망하고, 한국교회가 새로운 희망으로 나아가는 데 귀하게 쓰임 받기를 기도하며 기쁨으로 추천합니다.

이찬수 목사_분당우리교회 담임

급변하는 시대 속에서 3355세대는 한국교회의 유산을 잇는 가교이자, 교회를 지탱하는 중추적인 세대입니다. 김성중 교수님은 파편화된 시대의 한계를 넘어, 교회와 가정을 연결하며 복음을 전하고 공동체를 풍성하게 세우는 사역적 비전을 제시합니다. 이 책은 신앙의 전수라는 시대적 사명 앞에 서 있는 모든 사역자와 부모에게 복음의 위로와 함께 분명한 방향을 제시하는 길잡이가 될 것입니다.

이재훈 목사_온누리교회 위임

'한국교회 3355 모여라!' 제목만 들어도 심장이 뛥니다. 포스트 코로나로 접어들면서 한국교회는 다음 세대에 대한 아젠다에 몰두하고 있습니다. 한국교회의 실제적인 다음 세대 엔진이라고 할 수 있는 3355세대들이 살아나서 이룩하게 될 민족 복음화의 역사를 보기를 소망합니다. 이 책을 읽으면 3355세대들을 뜨겁게 사랑하는 마음을 느끼게 되고, 하나님께서 3355세대들을 통해 행하실 놀라운 일들을 기대하게 됩니다. 3355세대는 그들과 자녀 세대, 두 세대가 공존합니다. 3355세대가 살아나면 그들의 자녀 세대도 일어납니다. 이 책에는 3355세대들에게 집중하며 그들의 신앙을 체계적으로 세워 나가는 목회뿐만 아니라, 그들 자녀들의 눈높이에 맞는 목회에 관한 종합적인 내용이 담겨 있습니다. 한국교회가 나아가야 할 방향과 목회의 새로운 패러다임을 깨달아 알기 원하는 모든 목회자, 성도님들에게 이 책을 추천합니다.

신용백 목사_시냇가푸른나무교회 담임

'삼삼오오(三三五五)'라는 말은 참 정겹습니다. 사람들이 서너 명씩 떼를 지어 정답게 오가는 모습은 공동체의 따스함을 그대로 느끼게 해줍니다. 그러나 안타깝게도 오늘날 우리 사회에서 이런 풍경은 점차 사라지고 있습니다. 각자 고립되어 살아가는 이들이 많아졌기 때문입니다. 하지만 하나님은 우리를 고립된 존재가 아닌, 공동체 안에서 함께 어우러지는 존재로 창조하셨습니다. 교회의 본질은 모이는 것에 있고, 그 핵심은 바로 성도들이 '삼삼오오' 모여 삶과 신앙을 나누는 소그룹에 있습니다. 김성중 교수님은 학자이자 현장 사역자로서 풍부한 노하우를 바탕으로, 포스트 코로나 시대 한국교회가 회복해야 할 공동체성의 해답을 이 책에 담아냈습니다. 단순한 방법론을 넘어 소그룹의 신학적 기초부터 현장에서 즉시 적용 가능한 실천적 지침까지, 마치 소그룹 사역을 위한 세심한 가이드북 같습니다. 바라기는, 이 책을 통해 한국교회의 소그룹마다 진실한 나눔과 회복의 역사가 일어나길 소망합니다. 프로그램이 아닌 관계의 본질, 믿음의 본질에 집중할 때 교회는 비로소 건강하게 세워질 수 있습니다. 이 책이 제시하는 길을 따라 하나님이 기뻐하시는 거룩한 공동체를 일구어 가는 여러분이 되길 축복합니다.

주경훈 목사_오륜교회 담임

《한국교회 3355 모여라》는 교회 현장을 향한 사랑과 눈물의 기도를 품고 걸어온 김성중 교수님의 진솔한 마음이 고스란히 담긴 책입니다. 3355세대가 짊어지고 있는 삶의 무게와 신앙의 질문을 깊이 공감하면서도, 하나님의 말씀 안에서 흔들리지 않는 방향과 분명한 비전을 제시합니다. 특별히 교회 공간의 활용부터 소그룹, 예배와 설교, 가정 사역에 이르기까지 각 교회가 실제로 적용할 수 있는 현실적인 제안들이 차분히 담겨 있습니다. 막막함 속에서 다시 길을 찾고자 기도하는 한국교회에, 이 책은 하나님께서 주시는 든든한 이정표가 될 것이라 믿습니다.

황덕영 목사_새중앙교회 담임

시대가 변하고 있습니다. 30년 전의 20대가 경험한 고충을 지금은 30대가 겪고 있고, 예전의 40대의 고민이 이제는 50대의 고민이 되었습니다. 청소년 자녀를 둔 50대가 많아지고, 결혼하지 않은 30~40대가 넘쳐 나고 있습니다. 해마다 신인류가 우리 앞에 등장하고 있는 듯합니다. 따라서 이제는 예전의 경험으로 30~50대를 목회해서는 안 되는 시대가 되었습니다. 2020년대를 지나는 30~50대를 새롭게 해석하고 목양하는 전문 사역자가 필요합니다. 그들을 목양할 전문 교육 커리큘럼이 어느 때보다도 절실합니다. 이런 시대적인 필요 앞에 고마운 책이 세상에 나왔습니다. 언제나 김성중 교수님은 시대에 맞는 대안을 먼저 내어놓는 탁월한 학자입니다. 이 책을 모든 이들에게 적극 추천합니다.

최병락 목사_강남중앙침례교회 담임, 월드사역연구소 소장

이 책은 숫자의 분석을 넘어 한국교회의 심장을 다시 뛰게 하려는 목회자의 눈물 어린 통찰이 담긴 외침입니다. 3040을 넘어 3355세대를 바라보는 시선은 위기를 정확히 진단한 영적 분별이며, 동시에 회복을 향한 하나님의 길을 보여 줍니다. 부모 세대의 신앙 회복 없이는 다음 세대의 미래도 없다는 이 분명한 메시지는 모든 목회자와 교회 리더의 가슴을 치게 합니다. 현장에서 길어 올린 사례와 기도 속에서 다듬어진 대안들은 이론이 아닌 실제적 목회의 힘을 전해 줍니다. 특별히 교회와 가정을 잇는 사역의 중요성을 3355세대라는 기둥 위에 세운 점이 인상 깊습니다. 이 책은 전략서이기 전에 회개의 초청장이며, 동시에 희망의 선언입니다. 한국교회가 다시 일어나 다음 세대를 품기 원한다면, 반드시 함께 읽고 붙들어야 할 책입니다.

김형준 목사_동안교회 담임

"교회는 건물이 아니라, 살아 움직이는 공동체입니다." 코로나 이후 한국교회는 여러 가지 위기를 맞으며 그 대안을 갈망하고 있습니다. 그중 하나가 소그룹의 활성화입니다. 그런데 이 책은 단순한 소그룹 운영 매뉴얼이 아니라는 것을 알았습니다. 무엇보다 이 책은 성경적 공동체의 본질을 깊이 있게 통찰하고, 오늘의 한국교회가 다시 살아나기 위해 반드시 회복해야 할 '공동체성'의 뿌리를 짚어 주는 통찰의 지도서입니다. 삼삼오오, 이름만 들어도 정겹습니다. 그러나 이 표현 안에는 그리스도의 몸을 이루는 지체들이 어떻게 연결되고, 어떻게 살아 움직이며, 어떻게 세상을 향해 나아갈 수 있는지를 보여 주는 실천적 구조가 담겨 있습니다. 이 책은 신학과 실천, 비전과 전략, 말씀과 삶을 통합하는 매우 실용적이면서도 영감 넘치는 안내서입니다. 특히 '삼삼오오'라는 친근한 표현을 통해 거대 담론이 아닌, 작고 따뜻한 공동체 안에서 삶의 변화를 끌어내고자 하는 저자의 깊은 목회적 애정이 느껴집니다. 교회의 사역이 점점 구조화되고 고립되어 가는 이 시대에, 다시 '함께 모이는 기쁨'과 '함께 나누는 은혜'를 회복하고자 하는 모든 교회에 이 책을 강력히 추천합니다. 이 책은 회복을 꿈꾸는 교회와 목회자에게 '작지만 강한 공동체'를 세우는 확실한 길잡이가 될 것입니다.

이전호 목사_충신교회 담임

우리가 흔히 쓰는 '삼삼오오'라는 말에는 묘한 따뜻함이 있습니다. 마음 맞는 사람들이 자연스럽게 모여드는 풍경이 그려지기 때문입니다. 김성중 교수님의 이 책은 3040이라는 딱딱한 '숫자'를 3355라는 '관계'의 언어로 재해석해 냅니다. 단순히 특정 세대를 타깃 삼는 기술서가 아닙니다. 30대의 젊은 부모가 50대의 중년이 되기까지, 자녀와 함께 걷는 긴 '신앙의 생애주기'를 통찰력 있게 풀어냅니다. 이 책은 단절된 세대를 잇고, 교회를 다시금 '그리스도의 향기 나는 따뜻한 소통의 광장'으로 복원하고자 하는 하나의 설계도라고 할 수 있습니다. 목회적 고민을 넘어, 다음 세대의 문화를 더 깊이 이해하고 더 깊이 품고자 하는 모든 분께 강력히 추천합니다.

김형석 목사_서울 지구촌교회 담임

이 책은 한국교회가 주목해 온 3040 목회를 넘어, 30·40·50세대를 함께 품는 '3050(3355) 세대 목회'라는 새로운 지평을 기독교 교육적 관점에서 설득력 있게 제시합니다. 특히 부모 세대의 신앙 회복과 자녀 세대의 신앙 계승 그리고 교회와 가정을 연결하는 교육 목회의 실제를 균형 있게 담아낸 점이 돋보입니다. 세대 이탈과 교회학교 위기라는 현실 앞에서, 이 책은 진단에 머물지 않고 구체적인 목회적 대안을 제시합니다. 지금 이 시대의 한국교회가 반드시 읽고 숙고해야 할 필독서라 확신합니다.

임성빈 교수_장로회신학대학교 전 총장, 한국리더십학교장

생애주기적 관점에서 볼 때, 30대부터 50대는 매우 중요한 역할을 하는 시기이며, 한국교회 목회의 중심 세대입니다. 이 세대를 존중하고 이들이 안고 있는 현실적인 문제를 고민하며 그에 대한 맞춤형 해결책을 제시하는 안내서가 부족한 이때, 한국교회의 교육 리더인 김성중 교수님의 책이 출간되어 매우 기쁩니다. 3355 부모 세대 부흥, 다음 세대 사역, 교회와 가정 연계 목회의 실천에 길라잡이가 되리라 기대하면서 추천합니다.

이정기 교수_고신대학교 총장

책을 펼치는 순간 넘치는 기쁨을 감출 수가 없었습니다. 다음 세대의 교회 이탈 현실에 가장 탁월한 해답을 제공하는 책을 만났기 때문입니다. 다음 세대 부흥의 절대적 열쇠는 부모 세대에 있기에 삼삼오오 세대가 일어나면 다음 세대와 젊은 세대를 동시에 일으키는 해법이 될 것입니다. 이 책은 문제의 진단을 넘어 필요한 사역에 바로 적용 가능한 구체적인 매뉴얼을 손에 올려 놓습니다. 이 책을 만났다면 정말 행운이라는 것이 사역의 열매를 통해 확인하게 될 것입니다.

류응렬 목사_와싱톤중앙장로교회 담임, 고든콘웰신학대학원 객원교수

우리는 그동안 '미전도 종족' 이야기를 많이 해왔습니다. 그런데 사실 한국교회의 문제는 '미(未)전도 종족'이 아니라 '오(誤)전도 종족(교회의 안과 밖에서 제대로 전도되지 못한 이들)'입니다. 참으로 슬픈 것은 한국 사회의 핵심이자 한국교회의 중심 그룹인 33세에서 55세 그룹이야말로 한국 사회의 대표적인 오전도 종족이라는 것입니다. 도대체 이들을 어떻게 다시 주님께로 인도해야 할지, 이들을 어떻게 다시 살려 내어 한국교회를 세울지를 고민하는 이들에게 참으로 반가운 책이 나왔습니다. 교육 전문가이자 목사인 김성중 교수님의 소망대로 이 책이 새로운 돌파를 원하는 한국교회에 '목회 전략서'이자, '부모 교육 지침서'이며 '다음 세대 사역 안내서' 그리고 교회와 가정을 연결하는 구체적인 '목회 실천서'로 쓰임 받게 되리라 확신합니다.

이혜진 목사_아틀란타 벧엘교회 담임

한국교회의 위기를 말할 때 우리는 흔히 '다음 세대'를 이야기합니다. 그러나 이 책은 그 질문을 한 걸음 더 깊이 밀고 들어갑니다. 다음 세대의 위기는 곧 부모 세대의 위기이며, 교회의 현재를 책임지는 30~50대(3355세대)의 신앙이 무너질 때 교회의 미래도 함께 흔들린다는 사실을 정면으로 마주하게 합니다. 김성중 교수님의 《한국교회 3355 모여라》는 단순한 세대 분석서가 아닙니다. 이 책은 부모 세대의 신앙 회복과 자녀 세대의 신앙 계승을 하나의 흐름으로 통합한, 매우 구체적이고 현실적인 목회 실천 매뉴얼입니다. 전문 사역자, 소그룹, 예배, 설교, 공간, 리더십, 가정 사역에 이르기까지, 교회 현장에서 '무엇을 어떻게 바꾸어야 하는가'를 실제적인 언어로 안내합니다. 특히 인상 깊은 점은, 이 책이 3355세대를 문제의 대상이 아니라 교회를 다시 세울 핵심 주체로 바라본다는 점입니다. 존중받고, 이해받고, 참여할 수 있을 때 이 세대는 교회의 가장 든든한 기둥이 될 수 있음을 저자는 분명하게 보여 줍니다. 또한 교회와 가정을 분리하지 않고, 부모를 가정의 신앙 교사로 세우려는 일관된 시선은 한국교회가 반드시 회복해야 할 방향임을 알려 줍니다. 이 책은 아이디어 모음집이 아니라, 지금 당장 교회 안에서 적용해 볼 수 있는 로드맵입니다. 다음 세대를 살리고 싶지만 어디서부터 시작해야 할지 막막한 목회자와 교회 리더들에게, 이 책은 분명하고도 따뜻한 길잡이가 되어 줄 것입니다. 한국교회의 심장이 다시 뛰기를 소망하는 모든 이에게 이 책을 기쁨으로 추천합니다.

허요환 목사_안산제일교회 담임

김성중 교수님은 학교에서의 오랜 연구와 현장에서의 다양한 데이터를 가지고, 무엇보다도 그걸 어떻게 한국교회를 살리는 '영적 치트키'로 사용할 수 있는지를 아는 탁월한 저자입니다. 책에서 제안하는 다양한 사례와 제안들은 어디에서도 볼 수 없는 유익한 자료들입니다.

목회자들뿐 아니라 어린 자녀를 둔 부모님들, 특히 다음 세대의 부흥을 꿈꾸는 당회원이나 교회 리더들이 꼭 읽어야 할 책입니다. 오늘 이 시대는 언제, 어디서 타깃이 튀어나올지 모르는 클레이 사격의 시대입니다. 유연성과 빠른 상황 판단력이 필요합니다. 저자의 명확한 영적 진단과 구체적 사례들을 통한 실제적인 적용이 한국교회를 다시 세워 나갈 강력한 영적 무기로 쓰임 받기를 소망하며 강력히 일독을 권합니다.

안광복 목사_상당교회 담임

제가 목회하고 있는 동춘교회가 3040세대 사역과 온 세대 통합예배 그리고 조부모 사역에 대해 고민하고 있을 때 김성중 교수님을 만나 교제하며 이론적으로 그리고 실제적으로 도움을 많이 받았습니다. 동춘교회의 조부모 사역을 할 때도, 더 나아가 기성 교회에서는 적용하기에 무리가 있다고 생각하여 2년 전 온 세대 통합예배를 지향하는 송도동춘교회를 새로 설립할 때도, 교수님과 교제하며 이론적으로 그리고 실천적으로 많은 도움을 받았습니다. 덕분에 송도동춘교회는 건실하게 세워져 가고 있습니다. 이번에 새로 출간된 《한국교회 3355 모여라》는 바로 3040, 더 나아가 3355의 온 세대 통합사역 그리고 조부모 세대까지 아우르는 전 생애주기 사역을 고민하는 교회와 목회자 그리고 당회와 교육 담당자에게 이론적으로 그리고 실제적으로 방향을 제시하는 나침반이 될 것이라 여겨 적극 추천합니다.

윤석호 목사_동춘교회 담임

오늘날 한국교회는 다음 세대와 교회학교의 위기 앞에 서 있습니다. 학생 수는 급격히 줄어들고, 교사와 부모 세대 모두가 신앙 계승의 방향을 잃어버린 채 고민하고 있는 것이 현실입니다. 이러한 때에 김성중 교수님의 《한국교회 3355 모여라》는 한국교회가 다시 붙들어야 할 중요한 길을 제시하고 있습니다. 이 책은 3040세대에 머물지 않고 3355세대로 시야를 확장하여 부모 세대와 다음 세대를 함께 세워 가는 목회의 실제적인 대안을 담고 있습니다. 다음 세대의 회복과 교회의 미래를 진지하게 고민하는 모든 목회자와 교회 리더들에게 일독을 권합니다.

곽승현 목사_거룩한빛광성교회 담임

김성중 교수님의 책은 언제나 교회 현장과 신학을 연결해 주는 브리지(bridge) 같다고 생각합니다. 교회 현장과 신학은 공존하고 연합하며, 소통하고 윈윈(win-win)해야 하는데 그 접점을 잘 찾도록 도와주어서 고맙습니다. 이번 책도 한국교회가 함께 고민하며 풀어 가야 할 방향을 선명하게 제시해 주었고, 목회 현장에서 실천할 수 있도록 가이드를 해주어서 이 길로 간다면 한국교회의 허리인 3355세대가 다시 회복될 수 있다는 확신을 갖게 되어 감사한 마음을 담아 적극 추천을 드립니다.

김덕영 목사_목민교회 담임

'한국교회가 어렵다'라고 이야기하고, '다음 세대가 위기'라고 문제 제기하는 모임과 소리가 들려옴은 고무적인 일이라 생각합니다. 하지만 잘해 보자는 구호를 뛰어넘어 어떻게 극복해 나갈 수 있을지 대안을 마련하고 시스템을 구축하는 실제적인 몸부림이 적어서 살짝 아쉬웠는데, 이제 삼삼오오 모여 목회 현장에서 바로 실행할 수 있는 매뉴얼을 손에 들었다는 것이 얼마나 감사한지 모릅니다. 부모 세대와 자녀 세대를 동시에 회복할 수 있는 귀한 전략서, 지침서, 안내서, 실천서가 여기 있으니 함께 힘을 모아 봅시다!

강윤호 목사_반포교회 담임

한국교회의 현재 가장 큰 화두는 3050 부모 세대입니다. 부모 세대가 살면, 미래 세대가 살아나는 것은 성경적 원리입니다. 김성중 교수님은 이론은 물론 현장성을 두루 갖춘 분입니다. 이 책은 예배와 소그룹부터 가정 사역에 이르기까지 현장에 즉시 적용 가능한 다양한 전략들을 제시합니다. 어려운 시절을 보내고 있는 한국교회에 이 책이 불쏘시개가 되어 부흥의 불길이 타오르길 소망합니다. 교회를 사랑하는 모든 리더의 필독서로 강력히 추천합니다.

이도복 목사_연신교회 담임

몸의 중심은 '아픈 곳'이라고 시인들은 노래합니다. 마음과 손은 언제나 그 아픈 곳을 향해 간다고 말합니다. 그리스도의 몸 된 교회를 사랑해 온 김성중 교수님은 《한국교회 3355 모여라》를 통해 한국교회의 연약하고 아픈 자리, 곧 3355세대를 향해 손을 내밀자고 우리를 초대합니다. 그것은 문제를 드러내기 위한 손짓이 아니라 정확하면서도 세심한, 사랑으로 다가가는 손길입니다. 이 책에는 교회를 살리고 싶어 하는 한 신학자의 오래된 기도와 성실한 기다림이 담겨 있습니다. 책장을 넘기는 동안 상처 입은 몸이 다시 숨을 고르고, 교회가 제자리를 찾아가는 모습이 그려집니다. 몸에 꼭 맞는 옷을 다시 입고 기쁨의 잔치로 들어서는 교회의 장면도 떠오릅니다. 이 책은 다음 세대와 그 부모 그리고 온 세대가 삼삼오오 모여 예수 그리스도의 복음을 나누며 함께 기뻐하는 천국 잔치를 기대하게 만듭니다. 책장을 덮을 즈음, 한국교회를 다시 사랑하고 싶어졌다면 그것이 이 책이 건네는 가장 큰 선물일 것입니다.

장형록 목사_양곡교회 담임

《한국교회 3355 모여라》의 원고를 받고 그날 바로 단숨에 읽어 내려갔습니다. 책의 부제처럼 어떻게 3040을 뛰어넘는 3355세대를 향한 사역의 매뉴얼을 만드셨을까, 생각하며 혼자서 많이 놀랐답니다. 챕터마다 주는 다양하고 구체적인 사례와 솔루션은 현장의 사역자와 성도들에게 사전처럼 자꾸 들춰봐야 할 현실 지침서가 될 것입니다. 제가 아는 김성중 교수님은 매우 바쁜 분입니다. 그 바쁜 중에도 이렇게 책을 쓴 것을 보면 얼마나 한국교회의 문제와 아픔을 두고 고민하였는지 알 것 같습니다. 부디 이 도서가 한국교회의 현재를 책임지고 다시 미래를 준비해야 할 3355세대들에 맞춤하는 안내서가 되기를 기도합니다. 산속의 작은 길도 사람이 많이 지나갈수록 선명한 길이 되듯이 한국교회에도 3355세대들을 향한 여러 다양한 사역의 길들이 또렷하게 만들어지길 바라면서 기쁨으로 추천합니다.

임우현 목사_번개탄TV선교회

지금 한국교회의 가장 시급한 문제는 3040세대의 신앙입니다. 교회에서 보통 젊은 부모가 대다수를 차지하는데, 그들이 왜 문제인고 하면, 그들에게 신앙의 힘이 너무 약하다는 것입니다. 3040세대의 연약한 믿음으로 인해서 그들의 자녀가 다니는 교회학교가 빠르게 무너지고 있습니다. 김성중 교수님의 《한국교회 3355 모여라》는 30대, 40대뿐 아니라, 아직 자녀들 둔 50대까지 그 대상을 폭넓게 삼고 있습니다. 그러면서 이 세대의 문제점이 무엇인지, 교회가 어떻게 이들을 신앙으로 세울 수 있는지에 대한 매우 구체적이고 현실적인 지침을 주고 있습니다.

이정현 목사_청암교회 담임

한국교회뿐만 아니라 한국 사회의 화두는 3040세대입니다. 현장에서조차 그들을 찾아보기 어려워진 현실에서 저자는 다음 세대라는 실마리로 다가가려 합니다. 목회자로서 참 목말랐던 대안적 도전에 가슴 벅찬 감동을 나누게 됩니다. 자녀와 부모 세대를 함께 살려 내는 이 기가 막힌 프로젝트에 관심이 있다면, 아니 교회로 인해 다시 살아갈 소망이 있다고 믿는다면 반드시 일독을 권합니다.

강은도 목사_더푸른교회 담임

저자는 이 시대 기독교 교육의 탁월한 전문가이자 모든 세대를 아우르는 따뜻한 목회자요 분명한 비전과 회복을 제시하는 뜨거운 부흥사입니다. 이 책은 3355세대 신앙 성장과 성숙에 대한 이론과 실제적인 매뉴얼 그리고 그 자녀들의 신앙을 세울 수 있는 구체적인 대안을 제시합니다. 이 책을 통해 한국교회의 허리가 든든히 세워지리라 확신하며 정독을 권합니다. 교회 교육에 관심이 많은 저도 이 책이 교회에 큰 도움이 되리라는 설렘이 있습니다.

최규명 목사_충정교회 담임

교회 부서는 거시적으로 연령대별로 구분됩니다. 연령대별로 구성된 부서를 이동할 때마다 이사 후유증을 심하게 앓는 것을 현장에서 경험합니다. 중·고등부로 이동할 때, 성인 초기 부서로 이동할 때 그리고 결혼 후 성인 공동체로 이동할 때 거의 비슷하게 고통을 직면합니다. 《한국교회 3355 모여라》는 한국교회 전 세대에 걸친 고민을 이야기하고 있습니다. 오랜 시간 현장 사역과 기독교 교육 이론의 연결을 고민한 김성중 교수님의 고민과 대안이 한국교회에 선한 영향을 미치길 기대합니다.

노희태 목사_강동 온누리교회 담당

들어가며

왜 3355세대인가?

요즘 한국교회에서 많이 등장하고 관심 가는 단어가 바로 '3040'입니다. 한국교회에서 3040세대의 이탈률이 매우 심각하기 때문에 한국교회가 다시 부흥하고 회복하는 비결은 3040세대들을 붙잡고, 3040세대에 맞춤하는 목회를 하는 것입니다. 그래서 요즘 많은 목회 전략 세미나, 부흥 세미나 등의 주제가 바로 3040세대 목회입니다. 그런데 저는 이 세대의 폭을 더 넓혀야 한다고 생각합니다. 왜냐하면 한국교회 성도 관련 통계 결과를 보면 3040세대만 교회를 많이 떠난 것이 아니라 다음 세대도 같이 교회를 이탈했기 때문입니다. 현재 20대 대학생들의 교회 이탈률이 매우 심각합니다.

한국기독교목회자협의회(한목협)의 2023년《한국 기독교 분석 리포트》에 따르면 20대의 개신교 신자 비율이 5년 전 조사 대비

절반 수준으로 감소한 것으로 나타났습니다.[1] 이뿐 아니라 목회데이터연구소의 〈numbers〉 180호에 수록된 '개신교 대학생의 신앙 의식과 생활' 통계 분석 결과를 보면, 개신교 대학생 10명 중에 4명이 교회에 출석하지 않는 것으로 나타났습니다.[2] 저는 오랜 시간 동안 청년 목회를 해 왔는데, 현재 한국교회 청년부의 일반적인 상황을 보면, 청년부 구성원의 나이대가 올라가서 30대 이상의 청년들이 대다수이고, 대학생 청년들은 소수가 되어 버렸습니다.

물론 청소년 이하의 교회학교 상황은 말할 것도 없이 심각합니다. 저는 청소년 수련회를 많이 인도하는 목사인데, 요즘 청소년부 수련회에 강사로 가면 깜짝 놀랍니다. 왜냐하면 성인 출석 대비 청소년의 숫자가 말도 못 하게 적기 때문입니다. 성인 출석은 천여 명이 되는 교회인데, 청소년의 교회 출석 숫자는 50명이 되지 않는 교회가 수두룩합니다. 제가 신학대학원에 진학해서 목회 사역을 시작하기 전에 청소년부 교사로 봉사한 교회는 당시에 중·고등부 평균 출석이 100명이었습니다. 현재 그 교회 중·고등부 부장이 제가 교사일 때 제자였던 학생입니다. 최근에 그를 만나 지금 중·고등부 출석이 몇 명이나 되느냐고 질문했더니 4~5명이라고 답해서 정말 마음이 아팠습니다. 다시 회복을 허락해 달라고 하나님께 기도하고 있습니다. 이처럼 다음 세대

1 송경호, "20대 개신교인, 5년 새 절반으로…종교인구 대폭 감소", 〈크리스천투데이〉, https://www.christiantoday.co.kr/news/355885 (게시 2023.7.26.).

2 목회데이터연구소, 〈numbers〉 180호 (게시 2023.2.21.).

가 한국교회를 떠나고 있습니다.

기독교의 가족 종교화 현상이 뚜렷해지는 현시점에서 다음 세대가 한국교회에서 대거 이탈했다는 것은 그들의 부모 세대도 같이 이탈했다는 의미가 됩니다. 여성가족부가 발표한 '2024 통계로 보는 남녀의 삶' 자료에 의하면 우리나라 남녀의 평균 첫 결혼 나이는 남자의 경우 34세, 여자의 경우 31.5세입니다.[3] 그리고 2024년 통계청 자료에 의하면 첫아이 낳을 때 아빠의 나이 평균은 35.4세이고, 엄마는 33.1세입니다.[4] 엄마의 나이를 기준으로 했을 때, 엄마의 나이 33세 때 자녀는 1세가 되고, 엄마의 나이 55세 때 자녀는 23세가 됩니다. 23세는 대학 졸업반이 되는 나이입니다. 대학생까지 포함하는 다음 세대가 줄었다는 것은 그들의 부모 세대 전체인 3355세대가 줄어들었다는 뜻입니다.

실제로 최근 통계 결과, 대표적으로 2021년 갤럽의 '한국인의 종교 현황에 대한 보고서'를 살펴보면, 4050세대의 종교 이탈률이 가장 높은 것으로 나타났습니다.[5] 그렇기 때문에 한국교회

---

3 여성가족부, "2024 통계로 보는 남녀의 삶", https://www.mogef.go.kr/nw/rpd/nw_rpd_s001d.do?mid=news405&bbtSn=710142 (게시 2024.9.5.).

4 통계청, "2024 출생 통계", https://www.kostat.go.kr/board.es?mid=a10301010000&bid=204&act=view&list_no=438237 (게시 2025.8.27.).

5 장지동, "4050세대, 종교 이탈률 가장 높은 연령대", 〈기독일보〉, https://kr.christianitydaily.com/articles/113103/20220509/4050%EC%84%B8%EB%8C%80-%EC%A2%85%EA%B5%90-%EC%9D%B4%ED%83%88%EC%9C%A8-%EA%B0%80%EC%9E%A5-%EB%86%92%EC%9D%80-%EC%97%B0%EB%A0%B9%EB%8C%80.htm, (게시 2022.5.9.).

를 다시 살리기 위해서는 3040세대만 보아서는 안 되고 더 넓게 3355세대를 고려하고, 그들을 위한 목회가 이루어져야 합니다. 또한 3355세대의 자녀들을 함께 잡아야 전체적으로 한국교회가 다시 심장을 뛰기 시작할 것이라고 확신합니다.

3355세대에 초점을 둔 목양 시스템을 만들어야 한다

한국교회를 살리기 위한 중요한 접근은 첫째, 3355세대를 존중하는 목회, 3355세대의 신앙을 세워 가는 목회가 되어야 한다는 것입니다. 먼저 교회 안에서 리더 역할을 하는 목회자를 비롯한 당회 구성원들이 3355세대가 얼마나 중요한지 절실히 인식해야 하고, 나아가 3355세대를 존중하는 문화가 교회 안에서 확산되어, 3355세대를 위한 구체적인 목양 시스템이 만들어져야 합니다. 그럼으로써 3355세대들의 신앙을 세워 가는 다양한 교육과 양육이 교회 안에서 이뤄져야 합니다.

둘째, 3355세대의 자녀가 되는 다음 세대를 함께 세워 가는 목회가 되어야 한다는 것입니다. 현재 한국교회의 교회학교는 위기를 넘어서 생존을 걱정해야 할 만큼 심각한 상황입니다. 따라서 3355세대의 자녀들을 세우기 위한 교육 목회가 교회 안에서 이루어져야 합니다. 요즘 어느 교회든지 '다음 세대'가 중요하다고 인식하고 있어서 교회 비전이나 표어에는 반드시 '다음 세대'라는 단어가 나타납니다. 하지만 안타깝게도 대개 구호와 외침으로 끝나고 있습니다. 진정으로 다음 세대를 사랑하고, 다음 세대를 위한 목회가 교회 전체적으로 진행되어야 합니다.

솔직히 우리의 자녀 세대는 다음 세대가 아니라 현재가 너무나 중요한 세대입니다. 현재 우리의 자녀 세대를 위한 사역에 역량과 에너지를 집중하지 않으면 다음에 올 세대는 없습니다. 우리의 자녀 세대를 살리기 위해 그들을 최우선으로 고려하는 교회 공간의 변화가 필요하고, 그들의 눈높이에 맞는 교육이 이루어져야 하며, 지혜롭고 세심하게 교회와 가정을 연계하는 사역을 기획하고 시행해야 합니다.

한국교회의 새로운 돌파구

저는 교단을 초월해 전국을 다니며 교회의 아동부 아이들에서 노년부 어르신들에 이르기까지 다양한 성도들을 만나 교제도 하고, 설교도 하고, 강의도 하고, 부흥회도 인도하고, 캠프도 진행합니다. 그래서 누구보다도 한국교회의 과제를 전반적으로 잘 알고 있습니다. 그 과제 키워드를 말씀드리면, '부모 세대 부흥, 다음 세대 사역, 교회학교 회복, 교회-가정 연계'입니다. 이것이 한국교회가 현재 가장 관심을 가지는 주제입니다.

저는 이 모든 것을 아우를 수 있는 사역의 기둥이 바로 3355세대 사역이라고 봅니다. 3355세대 사역 안에 이 모든 것이 들어가는 것입니다. 그래서 이 책은 3355세대 부흥을 위한 목회 전략서

이면서 동시에 부모 세대를 일으키는 부모 교육 지침서이며, 다음 세대를 살리는 다음 세대 사역 안내서이자, 교회와 가정을 연계하는 구체적인 실제를 알려 주는 목회 실천서입니다. 많은 교회의 리더와 성도들이 이 책을 읽고 함께 힘을 합쳐서 구체적인 변화를 위한 실천으로 나아가기를 소망합니다. 그래서 이 책이 새로운 돌파를 원하는 한국교회에 희망의 밑거름이 되기를 간절히 기도합니다.

Soli Deo Gloria!

광나루 연구실에서

김성중 교수

33
55

1부

교회의 심장이 다시 뛰게 하려면 3355세대를 세워야 한다

01

3355세대를 위한 전문 사역자가 필요하다

현재 장년 대상의 성인 교구를 담당하는 목회자들은 대부분 지역별로 배정된 교구를 목회하기 때문에 교구 안에 있는 30~40대를 비롯해, 50~80대, 심지어 90대 성도까지 아우르고 있습니다. 물론 목회자는 모든 성도를 품고 그들을 목양해야 합니다. 그러나 오늘날 전문화된 사회에서 교회 안의 목회자들도 세대별 전문가가 되어야 합니다.

교육부의 경우, 유치부 사역자, 아동부 사역자, 청소년부 사역자, 청년부 사역자를 따로 두어 세대별 전문가가 당연히 필요하다고 여기면서 장년부의 경우는 세대별 전문성이 드러나지 않고 있습니다. 이제 장년 대상의 성인 교구 사역에도 세대별 전문가가 필요합니다. 특히 3355세대 전문 사역자가 필요합니다. 30대 전문 사역자, 40대 전문 사역자, 50대 전문 사역자가 다 있으면 좋겠지만, 교회 형편상 그렇게 하기는 쉽지 않습니다. 그래서 30대에서 50대를 전반적으로 품을 수 있는 전문 사역자를 키우고 세우는 노력이 필요합니다.

3355세대 전문 사역자가 갖추어야 하는 자질은 첫째, 젊은 감각입니다. 요즘은 트렌드에 민감하고, 젊은 감각을 유지하기 위해 자신에게 투자하는 신중년이 많습니다. 그러므로 3355세대 전문가는 젊은 감각을 유지하면서 그들의 눈높이를 맞출 수 있어야 합니다.

둘째, 자녀 양육의 전문성입니다. 3355세대는 어린아이부터 대학생에 이르는 자녀를 둔 부모 세대입니다. 따라서 그들의 주된 관심사와 고민은 자녀 양육에 있습니다. 3355세대 전문 사역자는 부모의 마음을 잘 알고, 자녀 양육에 전문성을 가지고 부모 세대에 도움을 줄 수 있으면 좋습니다. 그러기 위해서는 자녀 세대를 잘 이해할 수 있는 교육 전문성을 지니고 있어야 합니다.

보통 신학대학원에 진학하면 교육전도사로 사역을 시작하게 됩니다. 이들 중에 탁월한 교육 사역자가 나오게 됩니다. 그런데 안타까운 점은 신학대학원을 졸업하면, 교육전도사를 그만두고 전임전도사가 된다는 것입니다. 전임전도사부터는 보통 성인 교구를 담당하게 됩니다. 그래서 교육부에 마음을 두고 있어도 다음 목회 커리어를 위해서 교구 사역을 하게 되는 목회자들이 많습니다. 저는 장년 교구를 담당하게 되어도 다음 세대 교육에 탁월한 전문성을 보이는 목회자의 경우, 3355세대를 맡을 수 있는 전문가로 키워야 한다고 생각합니다. 그래서 그들이 자녀를 키우는 부모들을 돕는 사역을 할 수 있도록 해야 합니다.

셋째, 찬양에 대한 관심입니다. 3355세대는 찬양에 관심이 많습니다. 1990년대부터 한국교회에는 유명한 찬양 사역자들을 비롯해 CCM 가수들이 등장했고, '경배와 찬양'이 교회의 문화로 자리 잡게 되었습니다. 현재 3355세대는 교회 교육부에서 열심히 찬양하면서 교회 활동을 했던 사람들입니다. 따라서 3355세대의 눈높이를 맞추기 위해서는 3355세대 전문 목회자가 찬양을 좋아하고, 찬양에 관한 이해와 전문성을 가지고 있으면 좋습니다.

교회가 3355세대 전문 목회자를 청빙하거나, 내부 목회자 중에서 3355세대 전문 목회자를 세우는 것은 교회가 3355세대에 관심을 가지고 있으며, 그들을 위한 목회를 하겠다는 뜻이기 때문에 매우 중요합니다. 현재 3040이라는 키워드가 한국교회에 붐과 같이 불고 있어서 3040세대 사역을 강조하는 듯하지만, 현실은 지역별 교구를 담당하는 목회자 중 한 사람에게 3040세대 사역까지 맡기는 수준에 그치고 있습니다.

진심으로 3355세대를 중요하게 여기고 그들에게 관심을 기울이고 있다면, 무엇보다 3355세대 전문 목회자를 세우고 그 사역만 하도록 해야 합니다. 그럴 때 3355세대들은 자신들이 존중받고 있음을 느끼고, 마음을 터놓고 신앙과 삶을 나눌 수 있는 '우리 목사님'으로 3355세대 전문 목회자를 따르는 동시에, 교회 활동에 주체적으로 참여하게 될 것입니다.

02

3355세대 구역 공동체를 구성하기 위한 팁[6]

일반적인 교회에서는 구역(소그룹)을 나눌 때 지역별로 나누게 됩니다. 비슷한 지역에 사는 성도들끼리 구성해서 주중에 구역 예배를 드리고 구역별 활동에 참여하게 합니다. 지역별 구역 배정의 장점은 주중에 구역 안에 있는 가정들과 함께 모임을 하기가 수월하다는 것입니다. 반면에 다양한 나이대로 구성되다 보니 나이 많은 성도가 구역 활동의 중심이 되기 쉽습니다. 그뿐만 아니라 나이대별로 관심사와 고민이 달라 깊이 있는 대화를 나누기가 쉽지 않습니다.

교회 안에서 3355세대들을 세우려면, 그들이 구역 안에서 활발히 활동할 수 있도록 자녀 나이대별로 구역 배정을 시도해 볼

---

6 이 장은 2024년 11월 19일 한국교회지도자센터 주최로 거룩한빛광성교회에서 열린 세미나인 '전 생애주기 교육 목회 매뉴얼'의 발표집 "부모 세대 소그룹의 실전 매뉴얼"에 실린 필자의 글을 수정 보완한 것이다.

필요가 있습니다. 자녀의 나이가 비슷한 부모들끼리 구역을 묶어서 활동하는 것입니다. 이렇게 되면 지역이 흩어지게 되어 주중에 모이기가 힘들 수 있습니다. 처음에는 주일 오후에 구역 모임을 할 수 있도록 안내해야 합니다. 그러다 구역 모임이 활성화되고 구성원들이 친밀해지면 자연스럽게 주중 모임으로 진행하면 됩니다.

자녀 나이대별 구역 모임은 부모들의 나이도, 자녀들의 나이도 비슷해서 관심사와 고민이 비슷합니다. 그러면 깊이 있는 나눔이 이루어지기가 수월하고 구성원들끼리 쉽게 친해질 수 있습니다. 부모들끼리 친해지면 자녀들끼리도 친밀해지게 됩니다. 이렇게 되면, 부모와 자녀가 함께 모여 구역 예배를 드리고, 구역 예배 후에는 부모는 부모들끼리 모여서 말씀 나눔을 하고, 자녀는 자녀들끼리 모여서 교제를 나눌 수 있습니다. 이렇듯 3355세대를 위한 구역 배정은 교회의 규모에 따라 다르겠지만, 첫째 자녀 나이를 기준으로 배정을 하고 구역 활동을 하도록 목양 시스템을 만들어야 합니다.

신앙 공동체가 되어야 한다

3355세대 구역은 신앙 공동체입니다. 신앙 공동체라는 말은 구성원 모두가 예수 그리스도를 구주로 섬기는 사람들의 모임이라는 뜻입니다. 단순한 모임이 아닌 신앙을 전제로 한 공동체입니다. 따라서 하나님을 의지하는 가운데 구역 모임이 진행되어야 합니다. 그리고 구역 모임 안에서는 세속적인 가치가 아닌 하나님의 가치가 중심이 된 나눔이 이뤄져야 합니다. 3355세대 구역을 통해 3355세대들의 신앙이 성장하고 성숙해야 하기 때문입니다. 구역 모임 중에 구성원들끼리 서로 긍정적인 자극이 되고 예수 그리스도에게까지 자라도록 변화되어야 합니다.

> "오직 사랑 안에서 참된 것을 하여 범사에 그에게까지 자랄지라 그는 머리니 곧 그리스도라"(엡 4:15).

하나님을 의지하고 온전한 신앙 공동체가 되기 위해서는 기도 공동체가 되어야 합니다. 구역 모임은 기도로 시작해서 기도로 끝나고, 구성원들끼리 서로 중보기도 할 수 있어야 합니다. 그리고 구역 모임 안에 하나님의 말씀이 중심이 되어야 합니다. 하나님의 말씀인 성경을 사모하고, 말씀 가운데서 인생의 답을 찾아야 합니다.

사랑 공동체가 되어야 한다

3355세대 구역은 사랑 공동체입니다. 이 사랑은 조건적인 사랑이 아니라 아가페 사랑입니다. 이 아가페 사랑은 하나님의 무조건적인 사랑이고, 손해 보고 희생하는 사랑입니다. 로마서 5장

8절에는 "우리가 아직 죄인 되었을 때에 그리스도께서 우리를 위하여 죽으심으로 하나님께서 우리에 대한 자기의 사랑을 확증하셨느니라"고 나옵니다. 하나님께서 제일 싫어하시는 것이 죄인데, 우리가 죄 가운데 있을 때 하나님께서는 우리의 죄를 예수 그리스도가 대신 담당하게 하시고 십자가에서 피 흘려 죽게 하심으로 말미암아 우리의 죄를 완전히 깨끗하게 씻어 주셨습니다. 이로써 하나님께서는 우리를 얼마나 사랑하시는지 그 증거를 보여주셨습니다.

예수님의 이 아가페 사랑을 받은 우리는 예수님을 닮아 아가페 사랑으로 다른 사람을 사랑해야 합니다. 요한복음 13장 34절에는 "새 계명을 너희에게 주노니 서로 사랑하라 내가 너희를 사랑한 것같이 너희도 서로 사랑하라"고 예수님이 말씀하십니다. 이 구절을 들은 자들은 바로 예수님의 제자들입니다. 따라서 아가페 사랑을 실천할 때 먼저는 가까이에 있는 예수님을 믿는 자들끼리 해야 합니다. 3355세대 구역에 참여하는 자들은 다 예수님을 믿는 자들입니다. 예수님을 믿는 자들끼리 먼저 예수님의 아가페 사랑을 실천하기 위해 노력해야 합니다.

공감 공동체가 되어야 한다

3355세대 구역은 이야기 공감 공동체입니다. 3355세대 구역 안에는 솔직하고 진솔한 삶의 이야기가 있습니다. 이 시대를 살아가면서 겪는 힘든 이야기, 자녀들을 양육하면서 경험하는 스트레스, 사회생활을 하면서 느끼는 답답함, 개인적인 고민과 걱정 등 다양한 삶의 이야기를 소그룹 모임 중에 나누게 됩니다. 중요한 것은 모든 구성원이 자기 이야기를 하고 싶은 욕구가 있다는 것을 인정하고 다른 사람의 이야기에 경청할 수 있어야 한다는 것입니다. 내가 이야기할 때 다른 사람들이 경청해 주고, 다른 사람들이 이야기할 때 내가 경청한다면 나눔이 원활하게 진행될 수 있습니다.

솔직하고 진솔한 삶의 이야기를 나누고 듣는 가운데 공감이 이루어지게 됩니다. 공감이란 상대방의 이야기를 나의 이야기로 받아들이는 것입니다. 상대방의 상황을 나의 상황으로 받아들이고, 상대방이 경험하는 감정을 나의 감정으로 받아들이는 것입니다. 공감 안에는 비난과 비판이 없고, 이해와 수용이 있습니다. 이 공감이 잘 이루어질 때 솔직하고 진솔한 삶의 이야기가 계속될 수 있습니다.

봉사 공동체가 되어야 한다

3355세대 구역은 봉사 공동체입니다. 공동체가 아름답게 꾸려지려면 자신의 이기적인 부분을 내려놓고, 공동체를 위해 봉사할 수 있어야 합니다. 봉사하기 위한 전제는 섬김의 마음과 겸손의 마음입니다. 예수님이 겸손히 섬김의 본을 보여 주신 것처럼, 낮아진 마음으로 다른 사람들을 섬길 수 있어야 합니다. 빌립보서 2장 5-8절에는 예수님의 마음이 나옵니다.

"너희 안에 이 마음을 품으라 곧 그리스도 예수의 마음이니 그는 근본 하나님의 본체시나 하나님과 동등됨을 취할 것으로 여기지 아니하시고 오히려 자기를 비워 종의 형체를 가지사 사람들과 같이 되셨고 사람의 모양으로 나타나사 자기를 낮추시고 죽기까지 복종하셨으니 곧 십자가에 죽으심이라"(빌 2:5-8).

마태복음 20장 28절에서 예수님께서는 "인자가 온 것은 섬김을 받으려 함이 아니라 도리어 섬기려 하고 자기 목숨을 많은 사람의 대속물로 주려 함이니라"고 말씀하십니다. 어떤 구성원은 구역 모임에서 먹을 간식을 가져오고, 어떤 구성원은 구역 모임에서 이벤트를 준비하고, 어떤 구성원은 구역 모임을 마치면 청소를 하고, 어떤 구성원은 구역 모임에서 의자를 정리하면서 봉사할 수 있습니다,

교제 공동체가 되어야 한다

3355세대 구역은 교제 공동체입니다. 구역 모임 안에서 좋은 교제가 일어날 수 있습니다. 함께 음식을 먹고 차를 마시면서 교제가 이루어질 수 있습니다. 함께 야외에서 산책하면서 교제가

이루어질 수 있습니다. 종종 같이 만나서 보드게임을 하거나 볼링을 치거나 영화를 보면서 교제가 이루어질 수 있습니다. 교제하는 가운데 3355세대 구역 구성원 간에 친밀감이 형성되고, 서로를 이해하고 배려할 수 있으며, 삶의 기쁨을 회복할 수 있습니다. 3355세대 구역이 진정한 교제 공동체로 발전하기 위해서는 공동체 안에 환대의 문화가 있어야 합니다. 3355세대 구역 모임에 참여하는 구성원들은 삶의 환경과 배경이 다르고, 신앙의 수준도 다를 수 있습니다. 이 차이가 구성원 간에 갈등을 일으킬 수 있습니다. 따라서 소그룹 안에서는 환대의 문화가 있어야 합니다. 우리는 모두 예수 그리스도 안에서 하나임을 잊지 말아야 합니다.

> "너희는 유대인이나 헬라인이나 종이나 자유인이나 남자나 여자나 다 그리스도 예수 안에서 하나이니라"(갈 3:28).

온라인 공동체로 확장해야 한다

3355세대들은 온라인에 대해 불편함이 없는 세대입니다. 직장에서는 물론 일상에서도 온라인 플랫폼을 사용하는 세대이기 때문입니다. 그러므로 3355세대 구역 모임은 기본적으로 대면으로 만나서 이루어지지만, 온라인으로도 확장되어야 합니다. 온라인에서도 신앙 교제와 삶의 나눔이 이루어져야 합니다.

3355세대가 공통으로 사용하는 가장 기본적인 온라인 플랫폼은 바로 '카카오톡'일 것입니다. 카카오톡 단체 채팅방을 통해서 할 수 있는 몇 가지 신앙 교제 방법을 알려드리면 첫째, '성경 묵상'입니다. 구역 리더가 아침에 묵상할 말씀을 올리면 구성원은 오늘 안에 깨달은 점, 적용할 점을 한 문장으로 써서 올리는 것입니다. 한 문장으로 쓰는 이유는, 너무 길게 쓰면 구역 구성원 중에 부담스러워하는 사람이 있을 수 있고, 그러면 소수의 구성원만 참여하게 되기 때문입니다. 한 문장으로 쓰면 부담도 안 되고 구성원 모두가 열심히 참여할 수 있습니다.

사랑 구역

구역 리더

오늘 우리가 묵상해야 할 말씀 구절을 올립니다. 오늘의 말씀은 요한복음 3장 16-17절입니다. 오늘 밤까지 깨닫고, 삶에 적용할 내용을 한 문장으로 올려 주세요 ^^
"하나님이 세상을 이처럼 사랑하사 독생자를 주셨으니 이는 그를 믿는 자마다 멸망하지 않고 영생을 얻게 하려 하심이라 하나님이 그 아들을 세상에 보내신 것은 세상을 심판하려 하심이 아니요 그로 말미암아 세상이 구원을 받게 하려 하심이라."

구역 구성원1

나를 뜨겁게 사랑해 주시고, 나의 모든 죄를 씻어 주시고 영원한 생명을 주신 하나님의 은혜에 감사하며 살겠습니다!

둘째, '성경 키워드 찾기'입니다. 구역 리더가 아침에 묵상할 말씀을 올리고, 구역 구성원들이 밤까지 말씀을 묵상하고 난 후 핵심 키워드를 세 개 찾아서 단체 채팅방에 올리는 것입니다. 이것은 구역 구성원 중에 새신자나 초신자가 많거나 묵상에 대해 부담스러워하는 구성원이 많은 경우에 활용하면 좋습니다. 꼭 그렇지 않더라도 핵심 키워드 찾기는 흥미롭게 묵상할 수 있는 방법이 됩니다.

소망 구역

구역 리더

오늘 우리가 묵상해야 하는 말씀 구절을 올립니다. 오늘의 말씀은 시편 1편 1-3절입니다. 오늘 밤까지 묵상한 후 키워드 세 개를 찾아서 올려 주세요^^
"복 있는 사람은 악인들의 꾀를 따르지 아니하며 죄인들의 길에 서지 아니하며 오만한 자들의 자리에 앉지 아니하고 오직 여호와의 율법을 즐거워하여 그의 율법을 주야로 묵상하는도다 그는 시냇가에 심은 나무가 철을 따라 열매를 맺으며 그 잎사귀가 마르지 아니함 같으니 그가 하는 모든 일이 다 형통하리로다."

구역 구성원1

키워드 1: 복, 키워드 2: 율법, 키워드 3: 열매

셋째, '화살기도'입니다. 화살기도는 일상생활 중에 기도 훈련을 할 수 있는 좋은 방법입니다. 구역 구성원 중 누구든 일상 중에 떠오른 기도 제목을 단체 채팅방에 올리면, 나머지 구성원들

이 그 기도 제목을 가지고 30초간 중보기도를 하는 것입니다. 데살로니가전서 5장 17절에는 "쉬지 말고 기도하라"고 나옵니다. 항상 기도하는 습관을 가지는 훈련을 하라는 것입니다.

믿음 구역

구역 리더

일상을 살다가 기도 제목이 떠오르면 어떤 내용이라도 좋으니 올려 주세요! 기도 제목을 보시면 어디에 있든지 30초간 그 기도 제목을 가지고 중보기도 하는 것입니다! 기도는 호흡입니다~~ 화이팅!

구역 구성원1

회사 출근 중인데 머리가 아픕니다. 기도해 주세요ㅠㅠ

구역 구성원2

5분 후에 중요한 회의에 들어갑니다. 지혜가 필요하니 기도해 주세요^^

이외에도 카카오톡 단체 채팅방을 통해 '삶의 나눔'을 할 수 있습니다. 삶의 나눔 가운데 중요한 나눔은 바로 '감사 나눔'입니다. 이 감사 나눔은 금요일이나 토요일에 진행하면 좋습니다. 한 주간 하나님께서 베풀어 주신 은혜를 생각하며 감사한 내용을 나누는 것입니다. 3355세대는 일상 가운데 스트레스가 많기 때문에 나눔을 하면 힘든 이야기, 스트레스받는 이야기가 많은 경향이 있습니다. 물론 이러한 나눔을 하면 감정의 정화가 일어나고 위로받을 수 있지만, 하나님께서 더 기뻐하시는 나눔은 감사 나눔이라고 확신합니다. 감사가 계속되면 우리 삶에 감사의 제목들이 더 많아지고, 구역 나눔에 감사가 채워지면, 구역 전체가 감사와 기쁨으로 풍성해지는 것을 경험하게 됩니다.

감사 구역

구역 리더

오늘은 벌써 금요일입니다. 한 주간 동안 하나님께서 주신 은혜를 깊이 생각하며, 감사한 내용을 한 가지씩 올려 주시면 행복한 주말을 맞이하게 될 것입니다~ 아멘!!

구역 구성원1

한 주간 동안 몸 컨디션이 안 좋았지만, 그래도 회사 생활을 열심히 하게 해주신 하나님의 은혜에 너무 감사합니다.

구역 구성원2

제 딸이 이번에 학급 반장이 되었습니다. 하나님께 감사를 드립니다.

카카오톡 단체 채팅방 외에 카카오톡 채널을 통해서는 공지사항이나 중요한 안내 사항을 전달하는 용도로 사용하면 좋습니다. 카카오톡 단체 채팅방에 열심히 참여하는 구성원들에게는 종종 이벤트로 선물하기를 할 수도 있고, 이모티콘을 보낼 수도 있습니다. 이러한 작은 선물이 마음 문을 열고, 온라인 교제 참여도를 높일 수 있습니다.

카카오톡 외에도 인스타그램이나 페이스북 그룹을 사용할 수 있습니다. 인스타그램이나 페이스북을 통해서는 주로 함께 활동한 사진이나 영상을 올리는 용도로 사용하면 유익합니다. 카카오톡에 올린 사진이나 영상은 시간이 지나면 사라지는 데 반해 인스타그램이나 페이스북은 언제든지 찾아서 볼 수 있다는 장점이 있습니다.

유튜브에는 신앙에 유익을 주는 좋은 영상들이 많기 때문에 구역 리더가 신앙에 유익을 주는 좋은 영상들(예: 다양한 간증, 신앙의 위대한 인물의 생애를 조망한 다큐멘터리, 기독교 역사, 기독교적 관점의 자녀 양육 강의, 성지순례 영상 등)을 공유해도 좋고, 구역 구성원들이 좋은 영상을 서로 공유해도 좋습니다. 다만, 요즘 유튜브에는 이단 영상도 많기 때문에 목회자가 검증하고 공유할 수 있으면 좋겠습니다.

이처럼 3355세대 구역 모임이 온라인 공동체로 확장되면 구역 활동이 더 활발해지고, 주중에도 신앙 교제와 삶의 나눔이 풍성해질 수 있습니다.

03

3355세대 구역 공동체에서 리더의 역할[7]

구역 공동체 리더의 다양한 역할

전달자의 역할

전달자의 역할이라 함은 지난주 설교 내용을 구역 구성원들에게 전달해 주는 역할을 말합니다. 많은 교회에서 이루어지는 구역 모임은 지난주에 들은 설교 말씀을 가지고 진행하게 됩니다. 구역 리더는 지난주 설교에서 중요한 내용을 구역 구성원들에게 정확하게 전달해야 합니다. 그러기 위해서는 구역 리더가 구성원들에게 전달해야 할 내용을 정확하게 이해하고 있어야 합니다. 설교 내용을 전달할 때 몇 가지 방법이 있습니다.

---

7 이 장은 2024년 11월 19일 한국교회지도자센터 주최로 거룩한빛광성교회에서 열린 세미나인 '전 생애주기 교육 목회 매뉴얼'의 발표집 "부모 세대 소그룹의 실전 매뉴얼"에 실린 필자의 글을 수정 보완한 것이다.

첫째, 친절하게 전달해야 합니다. 사람은 친절한 사람의 말을 듣게 되어 있습니다. 친절하게 내용을 전달해야 듣는 사람이 기분이 좋아지고, 수용하게 됩니다.

둘째, 쉽게 전달해야 합니다. 최고의 교사는 어려운 내용을 쉽게 전달하는 교사입니다. 구역 구성원의 이해 정도가 다르기에 전달하려는 내용을 최대한 쉽게 전달하려고 노력해야 합니다.

셋째, 간결하게 전달해야 합니다. 어떤 사람은 문장을 말할 때 길게 말하거나 수식어구를 많이 넣어서 말하는데, 그렇게 되면 듣는 사람이 금방 피로를 느낍니다. 따라서 내용을 전달할 때 한 문장이 너무 길어지지 않게 조심하고, 간결하게 말하기 위해 노력해야 합니다.

넷째, 느리지 않게 전달해야 합니다. 젊은 사람들은 유튜브를 2배속으로 본다고 합니다. 빨리 말하는 것에 익숙해 있고, 빨리 말할 때 집중도가 올라갑니다. 따라서 3355세대 구역 중에 젊은 세대가 모여 있는 30대 구역에서는 설교 내용을 전달할 때 느리지 않게, 늘어지지 않게 전달하기 위해 노력해야 합니다.

참여자의 역할

구역 구성원이나 구역 리더는 모두 같은 세대라는 공통점을 가지고 있습니다. 구역의 리더도 구성원과 마찬가지로 구역 나눔의 참여자입니다. 그런 점에서 3355세대 구역은 수평적이고 평등한 문화를 갖게 됩니다. 이러한 문화 속에서 구역 구성원과 구역 리더는 더욱 친밀해질 수 있고, 구역 리더도 자신이 구역 구성원보다 신앙적인 면에서 훨씬 성숙해야 한다는 부담감을 내려놓을 수 있습니다. 고린도전서 3장 9절은 "우리는 하나님의 동역자들이요 너희는 하나님의 밭이요 하나님의 집이니라"고 말씀합니다. 구역 리더와 구역 구성원은 서로를 하나님의 동역자로 인정하며 존중하고 세워 줄 수 있어야 합니다.

사회자의 역할

구역 모임을 인도하다 보면 매끄럽게 진행할 수 있는 사회자가 필요합니다. 사회자의 역할은 구역 구성원들에게 설교 내용을 전달하고, 나눔을 진행할 때 어떻게 할지 규칙을 정하며, 한 사람이 독점해서 나눔을 하지 않도록 시간을 배분하고, 너무 감정적으로 흐르거나 정치적인 발언을 할 때 제한하며, 의견이 충돌될 때 중재하고, 나눔을 정리하고 마무리하는 역할을 하게 됩니다.

지지자의 역할

구역 모임을 잘 인도하기 위해서는 지지자의 역할을 잘해야 합니다. 구역 구성원이 발언하면 그 발언에 대해 적극적으로 격려하고 인정하는 긍정적인 피드백을 해주어야 합니다. 이외에도 칭찬하고 응원해 줘야 합니다. 종종 예기치 못한 작은 선물(예: 카카오톡 기프티콘)을 주는가 하면, 카톡 응원 메시지를 보내고, 손 편지를 써서 힘을 북돋우는 역할을 잘해야 합니다.

상담자의 역할

구역 모임에는 삶의 나눔이 있습니다. 이때 구역 리더는 상담자의 역할을 할 수 있어야 합니다. 상담자의 역할은 구성원의 이야기를 충분히 경청하고, 그 사람의 입장에서 공감하는 것입니다. 이때 공감이란 이야기를 나누는 사람이 처한 상황과 그 사람이 느끼는 감정을 내 것으로 만들어 보는 것입니다. 그리고 이야기를 나누는 사람이 느끼는 감정을 똑같이 표현하는 공감적 반응도 포함됩니다. 슬퍼하는 이야기를 들으면 슬픔의 감정을 똑같이 표현해 주고, 화나는 이야기를 들으면 화나는 감정을 똑같이 표현해 주는 것이 공감적 반응입니다. 구역 리더가 상담자의 역할을 잘 감당할 때, 구역 구성원들이 편안하고 안전하게 자신의 속내를 꺼낼 수 있습니다.

조언자의 역할

구역 리더는 대개 신앙의 연륜이 있는 사람을 세우게 됩니다. 그렇다 보니 구역 리더는 나눔 중에 신앙적인 부분에서 조언을 해야 할 때가 있습니다. 그런데 조언은 훈계가 아닙니다. 상대방이 잘되기를 바라는 진실한 마음에서 나오는 따뜻한 말이자, 더 나은 길, 더 바른길을 알려 주는 배려의 말입니다. 구역 리더는 적절한 타이밍에 조언해 주는 능력을 가지고 있어야 합니다.

친구의 역할

구역 모임 가운데서 구역 리더는 친구의 역할을 할 필요가 있습니다. 친구의 역할은 같이 어울리는 것입니다. 구역 리더가 구성원들과 함께 간식도 먹고, 식사도 하고, 차도 마시고, 산책도 하고, 영화도 보면서 구역 구성원들과 어울리는 것입니다. 구역 구성원들 간에 친밀함이 있어야 교육적 효과가 극대화될 수 있고, 나눔이 원활할 수 있습니다. 예수님은 제자들을 친구라고 칭하셨습니다.

> "이제부터는 너희를 종이라 하지 아니하리니 종은 주인이 하는 것을 알지 못함이라 너희를 친구라 하였노니 내가 내 아버지께 들은 것을 다 너희에게 알게 하였음이라"(요 15:15).

예수님을 본받아 구역 리더도 구역 구성원들에게 친구 역할을 잘 감당할 수 있어야 합니다.

3355세대 구역 공동체를 위한 리더 교육을 철저히 하라

3355세대 구역 운영에 있어서 가장 중요한 존재는 구역 리더입니다. 역량을 갖춘 좋은 구역 리더가 세워지면 구역 운영이 원활하게 진행되지만, 그렇지 못할 경우 구역 운영이 힘들어질 수 있습니다. 따라서 전문적인 역량을 갖춘 좋은 구역 리더를 세우는 것이 매우 중요합니다. 교회 안에 3355세대 구역 리더 교육팀을 구성해서 목회자, 사모, 평신도 리더(상담 및 코칭 전문가, 레크리에이션 전문가, 행정 전문가 등) 등이 참여하고, 다음의 3355세대 구역 리더 교육 커리큘럼을 참고해서 교육을 체계적으로 시행할 수 있어야 합니다.

교회의 상황과 크기에 따라 구역 리더 교육팀에 참여하는 인원수와 팀원 구성은 달라질 수 있습니다. 목회자가 많은 교회는 목회자들이 많이 참여할 수 있고, 평신도 리더가 많은 교회는 평신도 리더들이 많이 참여할 수 있으며, 목회자 한 명이 리더 교육을 책임져야 하는 경우에는 목회자와 사모가 팀이 되어 참여할 수 있습니다. 그리고 구역 리더 교육팀의 구성원이 구역 리더 교육의 강사가 될 수 있습니다.

3355세대 구역 리더 교육 커리큘럼은 구역에 참여하는 3355세대를 대상으로 사역하기 위해 필요한 내용으로 구성해야 합니다. 이 커리큘럼에는 (1) 3355세대 이해하기(자녀 나이대에 따른 3355세대의 특징) (2) 3355세대와의 대화 및 소통법 (3) 코칭법 (4) 심방의 이론과 실제 (5) 말씀 묵상법 및 기도 훈련 (6) 구역 안에서 성경공부 인도법 (7) 개인상담(상담 이론 및 실전 상담 기법)과 집단상담(집단상담 이론 및 실전 집단상담 기법, 활동 자료) (8) 레크리에이션 (9) 구역 나눔 진행법 (10) 구역 구성원 관리가 들어갈 수 있습니다.

3355세대 구역 공동체 리더 교육 커리큘럼
(1) 3355세대 이해하기(자녀 나이대에 따른 3355세대의 특징)
(2) 3355세대와의 대화 및 소통법
(3) 코칭법
(4) 심방의 이론과 실제
(5) 말씀 묵상법 및 기도 훈련
(6) 구역 안에서 성경공부 인도법
(7) 개인 상담(상담 이론 및 실전 상담 기법)과 집단상담(집단상담 이론 및 실전 집단상담 기법, 활동자료)
(8) 레크리에이션
(9) 구역 나눔 진행법
(10) 구역 구성원 관리

3355세대 구역 리더 교육을 수료한 자들이 구역 리더로 세워질 수 있어야 합니다. 매주 한 강의씩 진행해서 10주 코스로 구역 리더 교육 과정을 기획하고 진행합니다. 1시간은 강의로 진행하고, 1시간은 들은 강의를 가지고 나눔을 하면 효과적입니다.

주차별 구역 리더 교육을 마친 후에는 구역 리더 교육 평가를 시행해야 합니다. 구역 리더 교육 평가는 구역 리더 교육에 참여한 자들을 대상으로 적절한 문항을 제시하고, 그 문항을 기록하는 방식으로 진행합니다. 주차별 구역 리더 교육 평가에 사용하는 문항은 구역 리더 교육에 참여하면서 갖게 된 소감, 자기 성찰을 통해 자신의 문제와 가능성을 발견한 내용, 적용점, 교육 자체에 관한 개선 사항 등의 내용으로 구성합니다. 구역 리더 교육팀은 구역 리더 교육에 참여한 자들이 정리해서 제출한 내용을 살펴보면서 교육이 잘되고 있는지 아닌지를 파악하고 분석할 수 있습니다. 개선 사항은 구역 리더 교육팀에서 논의하고 다음 주 강의 때 바로 반영할 수 있도록 노력해야 합니다.

- 오늘 구역 리더 교육을 통해 새롭게 배우고, 느끼고, 깨닫게 된 내용을 각각 한 문장으로 요약해서 정리해 봅니다.
- 오늘 교육에 참여하면서 자신에게서 발견할 수 있는 문제는 무엇이었는지를 찾아서 정리해 봅니다,
- 오늘 교육에 참여하면서 자신에게서 발견할 수 있는 가능성은 무엇이었는지를 찾아서 정리해 봅니다.
- 오늘 교육에 참여하면서 구체적으로 3355세대 구역을 운영할 때 적용해야겠다고 결심한 내용은 무엇인지를 기록해 봅니다.
- 오늘 교육에 참여하면서 다음 주 교육에서 개선되면 좋겠다고 생각하는 점은 무엇인지를 기록해 봅니다.

04

머물고 싶은 공간이 마련되어야 한다

사람은 나를 위한 공간이 있다는 사실을 알면 마음 문을 활짝 열게 됩니다. 교회 안에 3355세대를 위한 배려의 공간과 시설이 있다면 교회에 대한 애정이 생기게 되고, 신앙생활을 더 집중해서 할 수 있습니다. 교육부는 영·유아부실, 유치부실, 아동부실, 중·고등부실, 청년부실 등으로 예배와 공과 및 모임 공간이 있는데, 장년 세대를 위한 공간은 별도로 없는 교회가 많습니다. 이들을 위한 공간을 마련해 주면 연령대별 공동체성 강화에 큰 도움이 됩니다. 교회 안에 있는 소그룹실을 활용해 30대, 40대, 50대를 위한 공간으로 지정하면, 세대별로 모이는 공간이 확보되는 동시에, 친밀한 교제가 이뤄질 수 있습니다. 또한 그 공간에 대해 그들 스스로 꾸밀 수 있는 권한을 주면 더 좋습니다.

3355세대 중에서 우리가 특히 신경 써야 하는 세대는 아기들을 키우는 30대입니다. 교회 안에 유모차를 두는 공간이 없거나 수유 시설이 전혀 마련되어 있지 않으면 교회 오는 것이 정말 불편할 것입니다. 따라서 유모차를 두는 공간을 확보하고, 최소한 화장실 안에 작게라도 수유할 수 있는 공간을 마련해야 합니다.

아기를 둔 엄마 혹은 아빠는 보통 주일 예배 때 자모실에서 예배를 드리게 됩니다. 편안한 환경에서 아기를 돌보면서 예배에 참여할 수 있도록 자모실을 아이들뿐만 아니라 부모들이 편안한 공간으로 꾸밀 수 있도록 해야 합니다. 그리고 자모실에는 아기 기저귀 갈이 침대를 비치해야 합니다. 어느 교회는 탁아부를 따로 두어 아기를 둔 부모가 예배에 집중할 수 있도록 배려합니다. 탁아부는 아기 돌보는 데 전문성을 가진 분들이나 손주를 돌보고 계신 권사님들로 구성할 수 있습니다.

식당에서도 아기 엄마들이 편안하게 식사할 수 있도록 배려해야 합니다. 아기들은 울고 엄마들은 옆의 성도들이 식사하는 데 방해될까 봐 죄송해하는 모습을 교회에서 보게 됩니다. 이들을 위한 배려의 공간을 마련해야 합니다.

어떤 분들은 말할 것입니다. 이런 공간과 시설은 재정이 넉넉한 큰 교회에서나 가능한 것이 아니냐고 말입니다. 그러나 저는 이것은 관심의 문제, 우선순위의 문제라고 생각합니다. 우리 교회 안에 현재 어떤 공간과 시설이 있다는 것은 우선순위를 두고 그 공간과 시설을 마련했다는 뜻입니다. 그렇기 때문에 아기들을 키우는 30대 세대에게 우선순위를 둔다면 분명 어느 교회라도 그들을 위한 배려의 공간과 시설을 마련할 수 있을 것입니다.

저는 미국 교회를 탐방할 기회가 많았습니다. 제가 부러웠던 것은 미국 교회는 큰 교회든 작은 교회든 이러한 배려의 공간과 시설을 마련한다는 사실입니다. 아기를 둔 부모 세대가 교회 안에 없다고 안타까워할 게 아니라 그들이 교회에 와서 편안하게 신앙생활을 할 수 있도록 공간과 시설을 마련하는 구체적인 노력이 필요합니다.

05

역할로 리더십을 세우라

3355세대들의 공동체성을 강화하기 위해서는 세대별로 임원을 선발해야 합니다. 물론 현재 많은 교회가 나이대별로 남녀 선교회를 조직하고 회장, 부회장 등의 임원을 세워서 운영하고 있지만, 형식화된 면이 많습니다. 제가 제안하는 임원제는 역할 분담을 주는 임원제입니다. 회장, 부회장, 총무와 같은 딱딱한 명칭의 임원이 아니라, 역할을 넣은 네이밍을 하는 것입니다. 그리고 중요한 원칙은 최대한 많은 사람을 임원으로 세우는 것입니다. 역할을 맡을 때 책임감도 생기고 주인의식을 가지고 교회 활동을 할 수 있습니다.

우리말 접미사인 '지기'(어떤 일을 맡아서 하는 사람이라는 뜻)를 쓴 임원 네이밍의 예를 들면 다음과 같습니다. 회장은 전체적인 섬김의 역할을 하니까 '섬김지기', 부회장은 전체적인 방향을 조율하는 역할을 하니까 '조율지기', 총무는 운영에 책임을 지니까

'운영지기', 회계는 부서의 전체적인 살림을 책임지니까 '살림지기', 서기는 중요한 내용을 기록하고 보관하는 역할을 하니까 '보물지기'입니다. 이외에도 모임 때 간식을 준비하는 구성원이 있으면 '간식지기'라 할 수 있고, 모임 때 레크리에이션을 담당하는 구성원이 있으면 '오락지기'라고 할 수 있습니다. 역할 분담 임원제를 실시하면 각자 책임을 가지고 맡은 역할을 감당하게 될 것입니다.

3355세대가 함께 활동하면서 임원제를 실시할 수도 있지만, 3355세대가 제대로 모이지 않거나 3355세대가 서로 친하지 않은 경우라면, 연령대별 공동체성을 강화하기 위해 30대, 40대, 50대 각각 임원을 구성해서 활동하는 것이 좋습니다. 결국 한 부서가 부흥하고 성장하고 발전하기 위해서는 부서가 자치적으로 잘 움직여야 합니다. 그래서 30대 공동체 임원들이 활발히 활동하고, 40대 공동체 임원들이 활발히 활동하고, 50대 공동체 임원들이 활발히 활동하면 결국 3355세대가 부흥하는 것이고, 그다음은 자연스럽게 3355세대가 함께 활동하면서 연합이 이루어지고 연합의 시너지가 발생하게 되는 것입니다.

3355세대 안에는 나이 차가 꽤 날 수 있기 때문에 30대, 40대, 50대가 따로 모일 수 있는 목회 시스템도 필요합니다. 3355세대 사역은 '따로 또 같이'의 모토를 가지고 함께하는 사역, 따로 하는 사역을 교회 상황에 맞게 진행하면 좋을 것입니다.

3355세대의 눈높이에 맞춘 예배

주일 예배가 한 번이 아니라 두세 번 진행된다면, 그중에 한 번은 3355세대에게 포커스를 맞춘 예배가 진행될 필요가 있습니다. 3355세대가 주로 모이고, 3355세대의 눈높이를 고려한 예배가 필요합니다. 30대를 위한 예배, 40대를 위한 예배, 50대를 위한 예배를 따로 진행하면 더욱 맞춤식 예배가 되겠지만, 현실은 거의 불가능하므로, 30대, 40대, 50대의 공통점을 찾아서 그들의 눈높이를 맞춘 예배를 기획할 수 있어야 합니다. 물론 예배의 본질을 항상 잊어서는 안 됩니다. 예배는 예배드리는 자에게 맞추는 것이 아니라 예배 받으시는 하나님께 맞추는 것이기 때문입니다. 오직 하나님을 찬양하고 높이는 예배의 본질은 분명하게 지키면서 예배 순서라든지, 말씀의 내용은 3355세대의 눈높이를 맞출 수 있어야 합니다.

먼저 3355세대의 공통점은 민주화가 이미 이루어진 시대에 사회생활을 하는 세대이기에 민주적이라는 가치를 당연하게 받아들인다는 것입니다. 민주적이라는 뜻은 참여적이라는 뜻입니다. 따라서 3355세대 예배는 3355세대 구성원이 예배 순서에 주도적으로 참여할 수 있도록 기획해야 합니다. 사회, 찬양, 대표기도, 성경 봉독, 헌금 위원, 헌금 특송, 광고 등의 예배 순서에 3355세대가 주도적으로 참여해야 한다는 것입니다.

한편, 예배 순서에 주도적으로 참여할 수 있는 좋은 방법은 바로 간증입니다. 한 달에 한 번이든, 두 달에 한 번이든, 분기에 한 번이든, 간증 예배를 드리는 것입니다. 간증 예배에는 간증자가 나와서 자신의 삶에서 역사하신 하나님의 은혜와 사랑을 나누는 시간을 가지면 더 풍성한 은혜의 시간이 될 것입니다.

3355세대는 학창 시절에 '경배와 찬양' 문화의 수혜를 받은 세대입니다. 그 덕에 3355세대는 찬양 가운데 하나님을 뜨겁게 만나고, 신앙이 성장하는 경우를 많이 봅니다. 따라서 예배 순서에서 찬양의 비중을 높여야 합니다. '경배와 찬양' 형식의 찬양 인도가 필요하고, 그러기 위해서는 3355세대로 구성된 찬양팀이 필요합니다. 찬양팀 안에 악기팀과 싱어팀을 구성해 매주 예배 찬양을 위해 철저하게 준비해야 합니다.

또한 3355세대는 컴퓨터 그래픽 세대입니다. 3355세대 중 시니어들은 대학 때 컴퓨터를 처음 접했고 나머지 세대는 학창 시절에 컴퓨터를 이용했습니다. 그리고 3355세대 전체가 회사 업무를 컴퓨터로 처리하는 세대입니다. 그들은 세련된 그래픽으로 이루어진 화면을 선호합니다. 따라서 찬양 시간에 단순히 가사만 띄울 게 아니라 찬양 가사에 맞는 영상을 보여 주는 것이 좋습니다. 예를 들어, 창조주 하나님을 높이는 가사라면, 신비롭고 웅장한 대자연의 모습을 담은 영상이 나오도록 준비하고, 우리 죄를 다 씻어 주신 구원자 예수님을 높이는 가사라면, 예수님께서 십자가에 달리시는 영화 영상이 나오도록 준비하는 것입니다. 요즘 AI 플랫폼이 많기 때문에 찬양 가사에 맞는 영상을 제작할 때 AI의 도움을 받을 수 있습니다.

또한 3355세대는 '경배와 찬양'의 예배 문화에 익숙하기 때문에 찬양하는 시간에 기도하는 것을 자연스럽게 여깁니다. 찬양하다가 인도자가 기도 제목을 주면 통성으로 기도하고, 기도하다가 자연스럽게 또 찬양하는 데 익숙합니다. 그래서 3355세대 맞춤 예배에는 찬양과 기도가 함께 진행되면 좋습니다. 이때 기도 제목은 그들의 삶에 기반한 것이어야 합니다. 3355세대의 삶 중심에는 가정이 있고, 부부관계와 자녀 양육, 직장 생활이 있습니다. 그들의 삶에서 하나님께서 역사하실 수 있도록, 하나님께서 기뻐하시는 삶으로 나아갈 수 있도록, 뜨겁게 기도할 수 있도록 기도 제목을 주고 인도해야 합니다.

마지막으로 3355세대는 '투명성'의 가치를 소중히 여깁니다. 3355세대가 사회생활을 할 때 공통적으로 관심을 갖는 키워드가 바로 투명성입니다. 투명성이란, 유리잔에 물을 채워 넣는 것으로 비유할 수 있습니다. 속이 들여다보이는 것이 바로 투명성입니다. 특히 우리가 드리는 헌금이 어디에, 누구에게, 어떻게 쓰이는지를 투명하게 공개해야 합니다. 예를 들어, 구제헌금의 경우, 헌금을 내는 사람이 자신의 구제헌금이 어디에 쓰이기를 원하는지 봉투 앞면에 리스트를 적어 놔 거기에 체크하도록 하는 것입니다. 이렇게 구체적으로 제시할 때 3355세대는 더욱 자발적으로, 적극적으로 헌금을 하게 됩니다.

구제헌금 봉투

** 아래에 이 헌금이 쓰이기를 원하는 번호에 체크하세요!

(1) 교회 주변의 소년소녀 가장 ………… □
(2) 교회 주변의 독거노인 ………… □
(3) 교회 주변의 다문화 가정 ………… □
(4) NGO단체 ○○○ ………… □
(5) 사회복지단체 ○○○ ………… □
(6) 우리 교회가 운영하는 복지관 ………… □

헌금 시간에는 헌금 특송을 하는데, 이때 부부 단위로 특송에 참여하면 좋습니다. 물론 처음에는 부담되어 헌금 특송을 신청하는 부부가 별로 없을 수 있지만, 열심히 신앙생활을 하는 부부 중심으로 솔선수범을 해서 시작하면 이것이 문화로 정착되어 많은 부부가 참여하게 될 것입니다. 제가 예전에 어느 교회에서 사역할 때, 음악의 장르와 관계없이 찬양을 부르든, 악기를 연주하든 헌금 특송을 하라고 독려했습니다. 먼저 제가 솔선수범해서 피아노를 치면서 헌금 특송을 했고, 열심 있는 성도들이 그 뒤를 따르니, 어느덧 우리 교회 문화로 정착하게 되었습니다. 3355세대가 헌금 시간에 특송으로 참여하며 하나님을 높인다면, 하나님께서 얼마나 기뻐하시겠습니까! 헌금 위원도 부부 단위로 돌아가면서 봉사할 수 있도록 인도하면 부부간에 의미 있는 시간이 될 것입니다.

마지막으로 광고 시간에도 목회자가 아닌 부부 단위로 광고에 참여하면 좋겠습니다. 3355세대 예배 광고홍보팀을 구성하여 이곳에서 봉사하기 원하는 부부를 모집해 활동하게 하는 것입니다. 광고홍보팀에서 광고 뉴스를 제작하여 예배 시간에 영상으로 광고해도 되고, 광고홍보팀에서 활동하는 부부들이 돌아가면서 방송 MC처럼 직접 광고를 전해도 좋을 것입니다.

이러한 예배를 위해서는 예배 준비팀이 있어야 합니다. 예배 준비팀에 30대 공동체 임원들, 40대 공동체 임원들, 50대 공동체 임원들이 당연직으로 들어갈 수 있고, 그 외에 찬양팀, 영상팀, 광고 및 홍보팀, 스킷 드라마팀 등이 들어갈 수 있습니다.

07

3355세대가 관심을 가지는 설교 주제

3355세대들은 예배에 참여하면서 설교를 듣고 자신의 삶이 변화되어야 합니다. 그래야 신앙생활을 열심히 하면서 신앙이 성장하고 성숙할 수 있습니다. 따라서 3355세대의 영적 성장과 성숙을 위한 맞춤식 설교가 매우 필요합니다. 3355세대의 삶의 주제, 영적 필요를 잘 파악하고 설교를 해야 합니다. 3355세대들이 관심을 갖는 주제에 따른 설교 내용은 다음과 같고, 뒤의 3부에서 설교 본문으로 잡을 수 있는 성경 구절을 첨부했습니다.

30대가 관심을 가지는 주제에 따른 설교 내용

정체성

30대는 결혼을 하면서 자신이 진정으로 성인이 되었다고 인지하게 됩니다. 가정을 이루면서 무거운 책임감을 느끼는 동시에 한 사람으로서 자기 삶에 깊은 성찰을 하게 됩니다. 따라서 청소년 이후로 자신의 정체성을 재확인하고 싶어 합니다. 그리스도인으로서 우리의 정체성은 하나님께서 나를 하나님의 계획을 따라 만드셨고, 나는 하나님 안에 존재하며, 변함없이 하나님의 사랑을 받는 자녀라는 것입니다. 신앙 안에서 나의 정체성을 분명히 하도록 이끌어야 합니다.

소명

30대는 구체적으로 어떤 일을 하면서 평생 살아갈 것인가를 고민하고 찾는 시기입니다. 따라서 직업적 소명에 관심이 많습니다. 그리스도인의 직업적 소명은 가장 먼저 우리는 하나님을 기쁘시게 하고 하나님께 영광을 돌리며 살아가는 존재라는 사실을 명확하게 인지하는 것입니다. 하나님께서 나를 신실하게 인도해 주심을 굳게 믿고, 하나님께서 부르신 그곳으로 나아가 하나님의 자녀답게, 부르심에 합당하게 살아가는 것이 중요하다는 사실을 알려 주어야 합니다.

부부관계

30대에 많은 젊은이들이 결혼을 하고 결혼생활을 하게 됩니다. 서로 다른 배경에서 자라온 두 사람이 만나서 가정을 이루었기에 서로 맞춰 가는 단계입니다. 이 과정에서 갈등하고 싸움이 일어나기도 합니다. 그러나 결혼식에서 고백하는 것처럼 두 사람은 하나님께서 맺어 주신 반려자로서 서로 사랑하고 존중해야 하며, 결혼생활을 평화롭고 아름답게 지어 갈 책임이 있습니다. 그래서 두 사람의 만남은 하나님의 계획 가운데서 이루어진 것이고, 아가페 사랑과 상호 존중을 바탕으로 아름다운 부부관계를 만들기 위해 노력해야 함을 알려 주어야 합니다.

출산 및 육아

30대에 가장 중요한 인생 주제는 아무래도 출산과 육아입니다. 자녀를 출산하고 육아하는 데 대부분의 시간과 에너지를 쓰게 되면서 지치기도 하고, 견해차로 부부간에 갈등이 커지기도 합니다. 따라서 자녀는 하나님께서 가정에 주신 귀한 선물이자, 하나님의 자녀임을 기억하며, 감사와 사랑의 마음으로 육아를 해야 함을 알려 주어야 합니다. 더 나아가 육아에서 부부간의 견해차는 틀린 것이 아니라 다른 것임을 기억하고, 상호 존중과 섬김의 마음으로 육아에 힘써야 한다고 일깨워 주어야 합니다.

다양한 선택(자녀 계획, 직장 선택 및 이직 등)

30대에는 다양한 선택의 기로에 서 있는 때입니다. 취업과 이직은 물론 자녀 출산과 주거 문제도 심각하게 고민할 수밖에 없습니다. 이때 인간적인 욕심과 생각이 아니라, 하나님의 생각과 뜻을 먼저 구하는 우선순위의 신앙이 필요합니다. 더불어 하나님의 뜻이라는 확신과 판단이 서면, 그것을 선택할 수 있는 신앙적인 용기와 결단이 필요함을 알려 주어야 합니다.

평안과 안정

30대는 불안정성의 시기입니다. 가정을 이루면서 새로운 삶의 패턴에 적응해야 하고, 출산하면서 내가 아닌 자녀에게 초점을 맞추는 삶을 살게 되고, 직장에서의 격무에 시달려야 하고, 월세와 전세, 청약 등에 관심을 가지며 경제적인 고민과 어려움이 큰 때입니다. 그래서 평안하고 안정적인 삶에 대한 갈구와 소망이 있습니다. 진정한 평안과 안정은 상황에서 오는 것이 아니라, 신앙에서 오는 것임을 깨우쳐야 합니다. 진정한 평안과 안정은 예수님이 주시며, 하나님께서 우리의 삶을 선하게 인도해 주심을 믿어야 함을 알려야 합니다.

40대가 관심을 가지는 주제에 따른 설교 내용

회사 생활

40대에는 직장에서 자신의 능력과 노하우를 발휘할 수 있는 시기입니다. 그 과정에서 격무에 시달리는가 하면 동료와 선후배 간에 갈등을 겪고, 매너리즘에 빠질 수 있습니다. 우리는 하나님께서 세상의 빛과 소금으로 부르셨음을 상기하며, 맡겨진 일에 최선을 다하되 인격적으로 감당해야 함을 알려 주어야 합니다. 무엇보다도 하나님은 성실하신 분이니 하나님의 자녀인 우리도 하나님을 닮기 위해 노력해야 한다는 사실을 명심해야 합니다.

인정

40대에는 그 어느 때보다 열심히 일한 만큼 보상받고 싶어 하는 인정 욕구가 큰 시기입니다. 그런 만큼 인정받지 못했을 때 침체와 우울을 겪을 수 있습니다. 세상 사람들이 잘했다고 박수쳐 주고 인정해 주며, 물질적으로 보상받는 것이 우리 삶에 행복을 가져다주는 것이 아니라, 하나님께서 잘했다고 인정해 주시는 것이 진정한 인정이요, 참 복임을 깨달을 수 있도록 인도해야 합니다. 하나님 앞에서 하나님께 인정받기 위해 노력하는 삶으로 나아갈 수 있도록 인도해야 합니다.

성취 및 성공

40대에는 자신이 목표한 것을 성취하고, 사회적으로 성공하는 것에 관심이 많습니다. 회사에서 승승장구하며 중요한 커리어를 쌓고 싶어 합니다. 40대의 관심을 살피면서 결국 우리 삶을 인도하고 성취를 이루시는 분은 바로 전능하신 하나님임을 인식하고 하나님만 의지하고 붙잡는 삶으로 나아갈 수 있도록 인도해야 합니다. 그리고 사회적으로 성공하는 것보다 더 중요하고 우선해야 할 성공은 하나님을 믿는 신앙에서 성공하는 것임을 깨닫도록 이끌어야 합니다.

돈

40대는 누구보다 돈을 많이 벌고, 많이 모으기를 원합니다. 주식과 비트코인을 비롯해 부동산에 관심이 많으며, 돈 많은 사람을 부러워하고, 모든 대화의 중심에도 돈이 차지하게 됩니다. 따라서 돈이 무엇인지를 정확히 알려 줄 필요가 있습니다. 성경은 돈에 대해 어떤 관점을 가지고 있는지, 기독교적인 관점에서 돈을 버는 과정은 어떠해야 하는지, 번 돈을 어디에 써야 하는지 등을 알려 주고, 삶의 현장에서 실천할 수 있도록 인도해야 합니다.

신앙 전수

40대의 주요 관심사 중 하나가 자녀 교육과 양육입니다. 자녀들이 대체로 사춘기를 맞은 시기라 부모 자녀 간에 소통이 잘 이루어지지 않고, 갈등하는 경우가 많습니다. 따라서 자녀들을 어떻게 이해해야 하는지, 어떻게 소통해야 하는지에 관심이 많습니다. 이뿐만 아니라 자녀들이 신앙 안에서 성장하기 위해 부모는 어떤 역할을 해야 하는지도 고민이 많습니다. 부모는 하나님께서 주시는 지혜와 능력을 가지고 자녀를 교육하고 양육해야 하며, 그들에게 신앙을 전수해야 할 책임과 의무가 있음을 깨닫게 해주어야 합니다.

내적 성장

40대는 불혹의 시기 즉 유혹에 흔들리지 않을 정도로 내적 성장이 이루어져야 하는 시기입니다. 그런 만큼 지금까지 살아온 자신의 인생을 돌아보며 내적인 성장과 성숙에 관심을 기울이게 됩니다. 따라서 성령 충만함을 간구하고 경험해야 하며, 성령의 9가지 열매인 사랑, 희락, 화평, 오래 참음, 자비, 양선, 충성, 온유, 절제의 열매를 맺기 위해 부단히 예수님을 닮아 가는 삶을 살도록 이끌어야 합니다.

50대가 관심을 가지는 주제에 따른 설교 내용

공동체

50대는 사회적으로 어느 정도 성취를 이루었고, 자녀들도 결혼해서 독립하기 시작하는 시기입니다. 그런 반면에, 심적으로 외로움과 고독함을 느껴 나의 속이야기를 터놓고 나눌 수 있는 공동체에 관심이 많습니다. 지금까지 정신없이 달려왔는데, 이제는 주변을 둘러보며 함께할 수 있는 좋은 사람들을 찾게 됩니다. 이러한 50대의 필요를 이해하면서 성경이 말하는 공동체는 무엇인지를 알려 주고, 교회 공동체의 중요성과 소중함을 일깨워 줘야 합니다. 더 나아가 교회 공동체에 참여해서 열심히 활동할 수 있도록 안내해야 합니다.

가족 관계

50대는 자녀의 독립으로 가족관계에 재편이 일어나는 시기입니다. 이 시기 자녀들은 대학이나 직장으로 집을 떠나거나 결혼을 통해 독립을 하게 됩니다. 그러면서 결혼 초기처럼 부부 중심의 관계로 가족 관계에 재편이 일어나고, 부부관계가 다시 중요해집니다. 이때 부부간에 더 친밀해지는 경우도 있지만 더 갈등하는 경우도 있습니다. 독립한 자녀로 인해 사위나 며느리와 손주가 새로운 가족으로 형성됩니다. 하나님의 사랑으로 서로를 수용하고, 가족 구성원들을 서로 이해하고 존중하는 것이 필요함을 강조하고, 화목한 가정을 만드는 것이 하나님의 뜻임을 알려 주어야 합니다.

부모 부양

초고령사회로 가면서 50대는 부모 부양이 중요한 삶의 과제가 됩니다. 거동 못하는 부모님을 수발해야 하거나 부모님의 정기적인 병원 방문과 입원 등을 책임지는 보호자가 되어야 할 수 있습니다. 부모 공경은 십계명의 제5계명임을 기억해야 합니다. 부모 공경은 하나님께서 원하고 기뻐하시는 뜻임을 기억하면서 부모님에 대한 사랑과 존경의 마음을 가지고 기쁜 마음으로 부모를 부양하기 위해 노력해야 함을 알려 주어야 합니다.

건강

50대에는 건강상의 문제가 발생할 수 있습니다. 병원에 가는 횟수가 늘어나면서 건강을 염려하게 되고, 건강한 식단과 운동에 관심을 가지게 됩니다. 이러한 50대의 특징을 이해하면서 건강을 회복시키고 유지시키시는 분이 하나님임을 믿고 육체적인 건강뿐만 아니라, 정신적인 건강과 영적인 건강도 중요함을 알려 주어야 합니다. 영, 혼, 육의 종합적인 건강을 위해 노력해야 함을 일깨워야 합니다.

노후 준비

50대가 되면 노후 준비에 대한 관심이 매우 큽니다. 대체로 60대에 은퇴하므로 50대부터 노후에 대한 걱정과 불안감이 엄습해 오면서, 본격적인 고민을 하고 구체적인 계획을 설계하게 됩니다. 우리 삶을 돌보고 인도하시는 분은 하나님임을 굳게 믿으며 노후에 대한 걱정과 두려움에서 벗어날 것을 강조하는 동시에, 하나님께 지혜를 구하며 노후 준비를 성실하게 해 나갈 것을 알려 주어야 합니다.

섬김

50대는 교회 안에서 리더로 세워지는 시기입니다. 장로, 안수집사, 권사 등으로 임직되어 역할을 감당하게 됩니다. 50대 성도가 많이 줄어든 지금의 교회 현실에서 50대는 어느 때보다 더 많은 섬김의 사역을 감당하게 됩니다. 섬김이 부담이 아니라 기쁨이 될 수 있도록 진정한 사랑의 실천은 섬김이고, 잘 섬기는 사람이 예수님을 가장 많이 닮은 사람이라는 사실을 일깨워 주고, 섬길 때 진정한 행복을 누리도록 안내해야 합니다.

위와 같은 3355세대를 위한 맞춤식 설교가 3355세대를 위한 예배에서 이루어져야 합니다. 한 주는 30대의 관심 주제를 가지고 설교하고, 한 주는 40대의 관심 주제를 가지고 설교하고, 한 주는 50대의 관심 주제를 가지고 설교하는 등 돌아가면서 30대, 40대, 50대의 눈높이에 맞춘 설교를 하면 됩니다. 그런데 이러한 주제들은 무 자르듯이 이것은 30대만의 주제이고, 이것은 40대만의 주제, 50대만의 주제라고 나눌 수 없습니다. 그래서 3355세대가 다 함께 말씀을 들으면서 하나님의 뜻을 깨닫고 자신의 삶을 돌아보며 삶의 현장에서 말씀을 적용할 수 있습니다.

3355세대를 위한 맞춤식 설교는 하나의 방법으로 고정되는 것보다 몇 가지 방법을 돌아가면서 사용하는 것이 좋습니다. 한 번은 첫째, 둘째, 셋째를 넣은 삼대지(쓰리 포인트) 설교 방법을 사용하고, 한 번은 첫째, 둘째만 넣은 투 포인트 설교 방법을 사용하고, 한 번은 하나의 핵심만 가지고 설교하는 원 포인트 설교 방법을 사용하는 것입니다. 그리고 인물 설교를 할 때는 이야기식 설교 방법을 사용하고, 영화의 중요한 장면들을 보여 주면서 설교하는 영화 설교 방법을 사용할 수도 있습니다.

이외에도 3355세대 눈높이를 맞춘 주제 설교를 할 때, 스킷 드라마팀이 나와서 설교 도입부에 5분 정도 짧게 가정의 모습, 직장의 모습을 보여 주고 설교를 시작할 수도 있습니다. 이것은 삶의 현장을 구체적으로 조명해 보는 효과가 있습니다. 부록에 3355세대들을 위한 샘플 설교문 네 편을 실었으니 참고하기 바랍니다.

3355세대 불신자들이 편안하게 올 수 있는 교회

3355세대들을 효과적으로 전도하기 위해서는 교회를 3355세대 불신자들이 주중에 편하게 올 수 있는 공간으로 만들어야 합니다. 3355세대 불신자들이 주중에 편하게 교회에 올 수 있으려면 먼저 교회가 커뮤니티 장소여야 합니다. 3355세대 여성의 경우, 엄마들끼리 모이는 커뮤니티에서 활동하는 사람이 많기 때문에 그들이 모일 수 있는 공간을 마련해야 합니다. 주중에 교회의 소그룹실을 개방하고 따뜻한 카페 분위기로 꾸며서 3355세대 여성들이 모여서 교제를 나눌 수 있도록 하는 것입니다.

제가 아는 어느 교회는 온라인 사이트를 통해 시간대별로 예약을 받아 교회 소그룹 공간을 대여하고 있습니다. 또한 커피와 차는 물론 간단한 간식을 구비해 놓습니다. 불신자라도 이런 공간에서 편안함과 따뜻함을 느끼게 되고, 그것이 자연스럽게 주일 예배를 드리러 교회로 걸음을 옮기는 계기가 될 수 있습니다. 교회가 주중 카페를 운영하고 있다면, 자연스럽게 3355세대 여성들의 모임 장소가 될 수 있습니다. 이를 위해 3355세대 여성들을 전도하기 위한 맞춤식 전도 특강을 진행할 필요가 있고, 교회 안의 3355세대 여성들이 엄마들 커뮤니티 모임에 주도적으로 참여해 교회에서 모임을 가지자고 말할 수 있는 영향력을 발휘하도록 교육할 필요가 있습니다.

이외에도 주로 30대에서 40대 초반의 여성들에게 해당될 것 같은데, 교회 안에 키즈 카페를 운영하면 전도에 있어 아주 좋은 효과를 발휘할 수 있습니다. 교회 안에 키즈 카페를 운영하면 아이들은 키즈 카페에서 놀고, 엄마들은 소그룹실에서 교제 모임을 하면 됩니다. 경제적인 여유가 있는 교회라면, 교회 예산으로 키즈 카페를 만들어서 운영하면 좋지만, 그렇지 않은 경우는 지자체의 도움을 받아 운영할 수 있는 길이 있습니다. 예를 들면, 서울시는 각 동에 1개소의 키즈 카페를 목표로 종교 시설의 유휴 공간을 활용한 시설 운영을 적극 권장하고 있습니다. 서울형 키즈 카페에 선정되면 교회는 공간을 내어주고, 서울시는 설치비와 인건비, 운영비를 지원하게 됩니다.

한편, 3355세대 직장인들을 위해 주중의 점심시간에 교회를 개방해서 직장인들이 쉼을 가지도록 할 필요가 있습니다. 주변에 회사가 밀집되어 있는 교회라면 특히 이 부분에 관심을 가져야 합니다. 직장인들이 점심시간을 이용해 다과 등을 나누며 편안하게 이용할 수 있도록 교회의 소그룹실을 개방해 공간을 꾸며야 합니다. 신우회가 있는 회사라면 더욱더 교회 공간을 이용하도록 해야 합니다. 이밖에도 일주일에 한 번 점심시간에 직장인 예배를 드리고 식사를 제공하는 사역을 할 수 있고, 직장인들을 위한 점심 콘서트, 명사 초청 강의 등도 진행할 수 있습니다. 더 나아가 새벽예배를 마치고 바로 출근하는 직장인들을 위해서 교회 식당에서 샌드위치, 시리얼 등을 제공하면 좋습니다. 그러면 불신자들에게도 소문이 나 전도의 기회가 될 수 있습니다.

교회 안에 도서관을 운영하는 것도 3355세대를 전도하는 효과적인 방법입니다. 3355세대가 관심을 가질 만한 도서는 물론 그들의 자녀들에게 유익한 도서를 비치하면 가족 단위로도 교회 안의 도서관을 이용할 수 있습니다. 하지만 요즘 지역마다 도서관이 잘되어 있어서 도서 보유량으로 승부를 걸기는 어렵습니다. 다만, 가족 단위로 오순도순 둥글게 앉아 책을 읽을 수 있도록 공간을 구성하고 의자를 배치하면 가족이 함께하는 문화를 만들 수는 있습니다. 그러면 혼자 공부를 하고 책을 읽기에 최적화된 다른 도서관이 제공하지 못하는 부분을 교회 도서관이 채워 주게 됩니다.

3355세대를 선교에 참여하게 하는 방법

3355세대 중에 신실한 성도들은 선교에 관심이 많습니다. 특히 단기 선교에 참여하고 싶어 합니다. 청년 시절엔 방학이나 휴가를 이용해 단기 선교에 참여할 수 있었으나, 결혼 이후론 마음만큼 쉽지 않게 됩니다. 많은 3355세대들이 선교지 탐방과 단기 선교에 참여하지 못하는 것에 대해 아쉬움을 토로합니다. 3355세대들이 선교에 참여하는 좋은 방법은 우리 교회가 파송하거나 후원하는 선교사님들에 관한 정보를 자세하게 제공하는 것입니다.

또한 3355세대 구역마다 파송 혹은 후원 선교사님을 지정해 직접 선교사님과 소통하게 하는 것입니다. 예전에 제가 사역하던 교회는 구역마다 지정 선교사님이 있어서 명절이면 라면, 통조림 등의 식료품과 선교사 부부와 자녀를 위한 선물을 준비해 구역에서 직접 보냈습니다. 그러자 직접 선교에 참여한다는 느낌도 들고 선교사님과 더 긴밀한 교제가 이뤄져서 선교사님이 한국에 올 때면 구역 모임에 참여해 선교 이야기를 나눌 수 있었습니다.

우리 교회가 후원하는 선교사님에 대한 정보를 알면 가족 여행을 선교사님이 사역하는 지역으로 갈 수 있습니다. 이것은 3355세대가 선교에 직접 참여하는 좋은 방법입니다. 요즘 해외로 가족 여행을 많이 가는데, 우리 교회와 관련된 선교지로 놀러 가서 관광도 하고, 선교사님을 만나 교제도 하고, 선교지 경험도 해보는 것입니다. 그리고 떠나올 때 우리 가족의 이름으로 선교헌금을 드린다면 가족이 참여하는 멋진 단기 선교가 될 것입니다. 더 나아가 3355세대 구역별로 시간을 맞춰 가족 단위로 구역에 지정된 선교사님이 사역하는 선교지를 다녀올 수 있습니다.

선교헌금은 가족의 이름으로 하면 좋습니다. 이때 자녀가 자신의 용돈을 아껴 적은 돈으로라도 참여하게 하면 자녀의 신앙 교육에 큰 도움이 될 것입니다. 교회는 부모와 자녀가 한마음, 한뜻으로 헌금을 모아 가족의 이름으로 선교헌금을 할 수 있도록 시스템을 만들 수 있어야 합니다. 또한 선교헌금이 어떤 선교사님에게 어떻게 사용되었는지를 정기적으로 설명해야 합니다.

10

체계적인 신앙교육이 이뤄져야 한다

우리 신앙의 목표는 예수 그리스도에게까지 자라는 것입니다. 우리는 하나님 나라에 갈 때까지 신앙교육을 받고 계속해서 성장하고 성숙해 가야 합니다.

> "오직 사랑 안에서 참된 것을 하여 범사에 그에게까지 자랄지라 그는 머리니 곧 그리스도라"(엡 4:15).

교회 교육의 현실을 보면, 영·유아부, 유치부, 아동부, 중·고등부로 이어지는 교회학교에서는 공과 공부라는 이름으로 연령대별 신앙교육을 필수로 하고 있습니다. 청년부도 부서 안에서 이루어지는 신앙교육에 청년들이 참여하고 있습니다. 그런데 성인의 경우, 새신자 교육, 세례 교육 정도가 필수로 이뤄지는 교육입니다. 그밖에 단기적으로 이루어지는 제자 훈련 등이 있는데, 이는 원하는 성도만 참여하고 있습니다. 그러다가 노년이 되면 노년부, 노인학교에 참여하게 됩니다. 이렇게 볼 때 3355세대는 신앙교육의 사각지대에 놓여 있다고 할 수 있습니다. 그들을 위한 신앙교육이 체계적으로 이뤄져야 하는 이유입니다.

3355세대를 위한 신앙교육은 세 가지 영역을 다루는 커리큘럼으로 구성되어야 합니다. 첫째는 성경책별 교육입니다. 3355세대 성도들과 대화를 나누다 보면 성경을 알고 싶은 열망이 크다는 것을 확인할 수 있습니다. 3355세대들은 보통 적용 중심의 성경 묵상(Q.T.)이나 주일예배를 통해 성경을 접하고 알고 있습니다. 그렇다 보니 사실 성경을 잘 모르는 형편입니다. 다시 말해, 성경 각각의 책은 어떤 역사적 배경에서 어떤 대상에게 어떤 목적으로 어떤 내용을 가지고 쓰였는지에 대한 지식이 별로 없습니다.

예를 들어, 고린도전서의 경우, 약 2천 년 전 고린도 교인들이 바울의 편지를 받은 1차 독자입니다. 그 1차 독자에게 어떠한 신앙적인 필요가 있고 어려움이 있어서 바울이 고린도전서를 썼는지를 알려 주는 성경 공부가 필요합니다. 지금까지 우리는 고린도전서의 어느 성경 구절이 지금 나에게 어떤 의미가 있는지, 내 삶에 어떻게 적용할지에 관심을 가지고 묵상하는 방식으로 성경을 읽었습니다. 그것도 필요하지만 배경 공부가 되어 있지 않다 보니, 이단이 공격할 때 대응하지 못하거나 때로 이단에 속아 넘어가는 안타까운 일도 벌어집니다.

교회는 이제 3355세대들을 대상으로 성경책별 성경 공부를 해야 합니다. 가장 간단한 단기 과정으로는 성경학 개관으로 구약과 신약을 나눠서 교육할 수 있고, 장기 과정으로는 성경책별로 몇 년에 걸쳐서 교육할 수 있습니다.

둘째는 신앙과 교리 교육입니다. 이 영역의 교육은 우리가 하나님을 믿는 신앙인으로서 반드시 알아야 하는 내용으로 구성할 수 있습니다. 여기에 들어갈 구체적인 교육 커리큘럼으로는 (1) 하나님(삼위일체 하나님은 누구신가?) (2) 복음(복음이란 무엇인가? 복음을 제시하는 방법, 선교의 이해) (3) 교회론(교회란 어떤 곳인가?) (4) 예배론(예배의 의미, 방법, 내용, 자세) (5) 기도(기도의 의미, 방법, 내용, 자세) (6) 찬양(찬양의 의미, 방법, 내용, 자세) (7) 십계명, 주기도문, 사도신경 (8) 예전(세례[입교]와 성찬) (9) 친교와 교제: 코이노니아 (10) 섬김과 봉사: 디아코니아 (11) 직분 및 교회 제도 (12) 기독교 역사 (13) 기독교 세계관입니다.

마지막으로 셋째는 삶의 교육입니다. 3355세대에게 가장 중요한 삶의 현장은 바로 가정과 사회입니다. 그래서 가정생활과 사회생활에서 필요한 내용으로 교육 커리큘럼을 구성할 수 있습니다. (1) 가정생활 교육 커리큘럼은 부부학교(81-83쪽)와 부모대학(138-140쪽)에서 다양하게 제시했으니 참고하기 바랍니다. 그다음 (2) 사회생활 교육 커리큘럼은 ① 현대 문화 ② 기독교 가치관 ③ 일과 영성 ④ 청지기 의식 ⑤ 직업 윤리와 소명 ⑥ 기독교인의 바른 경제 및 물질관 ⑦ 기독교인의 바른 정치 이해가 들어갈 수 있습니다.

<table>
<tr><th colspan="3">3355세대를 위한 신앙교육 커리큘럼</th></tr>
<tr><th>성경책별</th><th>신앙과 교리</th><th>삶의 교육</th></tr>
<tr><td>(1) 성경학 개관(구약)
(2) 성경학 개관(신약)
(3) 성경책별(구약):
창세기, 출애굽기, 레위기, 민수기, 신명기, 여호수아, 사사기, 룻기, 사무엘상, 사무엘하, 열왕기상, 열왕기하, 역대상, 역대하, 에스라, 느헤미야, 에스더, 욥기, 시편, 잠언, 전도서, 아가, 이사야, 예레미야, 예레미야애가, 에스겔, 다니엘, 호세아, 요엘, 아모스, 오바댜, 요나, 미가, 나훔, 하박국, 스바냐, 학개, 스가랴, 말라기
(4) 성경책별(신약):
마태복음, 마가복음, 누가복음, 요한복음, 사도행전, 로마서, 고린도전서, 고린도후서, 갈라디아서, 에베소서, 빌립보서, 골로새서, 데살로니가전서, 데살로니가후서, 디모데전서, 디모데후서, 디도서, 빌레몬서, 히브리서, 야고보서, 베드로전서, 베드로후서, 요한1서, 요한2서, 요한3서, 유다서, 요한계시록</td><td>(1) 하나님
(삼위일체 하나님은 누구신가?)
(2) 복음
(복음이란 무엇인가? 복음을 제시하는 방법, 선교의 이해)
(3) 교회론
(교회란 어떤 곳인가?)
(4) 예배론
(예배의 의미, 방법, 내용, 자세)
(5) 기도
(기도의 의미, 방법, 내용, 자세)
(6) 찬양
(찬양의 의미, 방법, 내용, 자세)
(7) 십계명, 주기도문, 사도신경
(8) 예전
(세례[입교]와 성찬)
(9) 친교와 교제: 코이노니아
(10) 섬김과 봉사: 디아코니아
(11) 직분 및 교회 제도
(12) 기독교 역사
(13) 기독교 세계관</td><td>(1) 가정생활: 부부학교, 부모대학 커리큘럼 참고
(2) 사회생활:
① 현대 문화
② 기독교 가치관
③ 일과 영성
④ 청지기 의식
⑤ 직업 윤리와 소명
⑥ 기독교인의 바른 경제 및 물질관
⑦ 기독교인의 바른 정치 이해</td></tr>
</table>

교회별로 이 세 가지 영역을 어느 정도 이수했을 때 중직자(안수집사, 권사, 장로) 후보가 될 수 있는지를 교회 상황에 맞게 합리적으로 정하면, 철저하게 훈련받은 신실한 성도가 교회 리더로 세워질 수 있을 것입니다.

11

부부의 성장은 가정의 사명으로 이어진다

많은 교회가 청년들을 대상으로 결혼예비학교를 기획하고 진행합니다. 하지만 결혼 이후로 부부가 계속해서 성장하고 성숙하도록 돕는 프로그램은 별로 없습니다. 대부분의 부부는 성격과 가치관, 생활방식, 자녀 양육의 관점 등에서 차이를 보이면서 갈등하고 위기를 겪습니다. 이 갈등이 심해지면 인생의 위기가 될 수 있습니다. 따라서 교회는 3355세대가 부부학교를 통해 더욱 아름다운 부부관계가 될 수 있도록 도와야 합니다.

부부학교는 기수별로 진행하고, 토요일에 8주 정도의 과정으로 기획해서 진행할 수 있습니다. 외부 전문 강사를 초청해도 되고, 내부에서 목회자 부부, 부부관계가 좋다고 알려진 평신도 멘토 부부를 강사로 세울 수 있습니다. 부부학교는 강의로만 진행하면 안 되고, 강의와 부부 간의 활동과 세 커플 정도로 구성된 소그룹 안에서의 나눔으로 진행해야 효과적인 교육이 될 수 있습니다.

부부학교에 들어가야 할 커리큘럼과 부부간의 활동을 주차별로 제안하면 다음과 같습니다.

(1) 1주 차_결혼과 가정에 관한 성경적 의미와 하나님의 뜻 / 활동: 결혼을 결심하게 된 이유 3가지 쓰기
(2) 2주 차_부부간의 차이 이해 / 활동: MBTI 검사
(3) 3주 차_부부간의 갈등 해결법 / 활동: 상대방에게 잘못한 것에 대해 사과 편지 쓰기
(4) 4주 차_부부간의 공감적 대화법 / 활동: 최근에 받은 스트레스를 상대방에게 이야기하고 공감적 대화 실습, 나-메시지 실습
(5) 5주 차_사랑과 존중의 언어 이해 / 활동: 사랑과 존중의 언어 실습
(6) 6주 차_부부간의 성(性) / 활동: 내가 상대방에게 원하는 성적인 기대 나눔
(7) 7주 차_재정 관리 / 활동: 가계 예산 세우기
(8) 8주 차_하나님의 사명 / 활동: 부부 사명 선언문 쓰기

8주 과정의 부부학교를 마친 뒤에는 수료증도 주고, 리마인드 웨딩과 같은 이벤트도 진행하면 평생 기억할 수 있는 의미 있는 시간이 될 것입니다.

◆ 부부학교 커리큘럼 예시

부부학교 주차	강의주제	활동
1주 차	결혼과 가정에 관한 성경적 의미와 하나님의 뜻	결혼을 결심하게 된 이유 3가지 쓰기
2주 차	부부간의 차이 이해	MBTI 검사
3주 차	부부간의 갈등 해결법	상대방에게 잘못한 것에 대해 사과 편지 쓰기
4주 차	부부간의 공감적 대화법	최근에 받은 스트레스를 상대방에게 이야기하고 공감적 대화 실습, 나-메시지 실습
5주 차	사랑과 존중의 언어 이해	사랑과 존중의 언어 실습
6주 차	부부간의 성(性)	내가 상대방에게 원하는 성적인 기대 나눔
7주 차	재정 관리	가계 예산 세우기
8주 차	하나님의 사명	부부 사명 선언문 쓰기

12

맞춤식 심방의 핵심 키워드는 '감동'이다

3355세대는 이전 세대들에 비해 목회자를 어려워하지 않습니다. 60대 이상의 경우, 목회자는 자신들보다 신앙적으로 더 성숙한 사람들이라고 생각하고 존중하며, 목회자에 대한 권위를 세워 주려고 합니다. 자신들과는 다른 존재라고 생각해서 다가가기 어려워하는 면도 있습니다. 그러나 3355세대는 그렇지 않습니다. 권위를 내세우지 않고 편안하게 다가오는 목회자를 더 좋아합니다. 따라서 3355세대를 위한 심방은 딱딱하게 정형화된 틀에서 진행하면 안 되고, 3355세대에게 불편함을 주지 않는 선에서 편안하게 진행해야 합니다. 정형화된 심방은 심방대원들과 함께 가정을 방문하는 것입니다. 그리고 가정에서 예배를 드리고 가능하면 식사를 같이하는 것입니다. 3355세대에게 이러한 심방은 굉장히 부담스럽습니다. 프라이버시를 중요하게 생각해서 집을 공개하는 것 자체가 부담이고, 안 그래도 하루하루가

벅차게 바쁜데 집에서 식사를 준비한다는 것이 매우 부담스럽습니다.

3355세대를 위한 맞춤식 심방의 핵심 키워드는 '감동'이어야 합니다. 감동을 주는 존재가 바로 목회자이고, 감동을 받는 존재가 바로 3355세대입니다. 우선 감동을 주려면 편리함을 제공할 수 있어야 합니다. 먼저는 심방 장소와 시간인데, 주일에 교회에서 심방받기를 원한다면 주일 예배 후에 만나 대화를 하면 되고, 주중에 회사 앞 카페에서 심방받기를 원한다면 주중에 회사 앞 카페에 찾아가면 됩니다. 식사를 원하는 성도라면 심방 시간을 분명 식사 시간에 잡을 것입니다. 그러면 거기에 맞춰서 식당에서 간단하게 식사하면서 심방하면 됩니다. 반면에 식사를 부담스러워한다면 간단히 차를 마시며 심방하면 됩니다.

3355세대를 심방할 때는 작은 선물을 준비하면 감동을 줄 수 있습니다. 제가 3355세대를 목회할 때 준비한 작은 선물 중 3355세대들이 가장 감동한 선물은 손글씨로 성경 구절을 적은 작은 카드였습니다. 심방하는 성도에게 필요한 말씀이 무엇인지를 기도하면서 결정한 뒤 카드에 예쁜 손글씨로 그 성경 구절을 써서 드린 것입니다.

이렇듯 3355세대에 맞춘 심방을 하면 목회자와 성도가 더욱 친밀해지고, 그러면 3355세대는 교회에 대한 애정이 더욱 커질 것입니다.

13

3355세대와 노년 세대를 연계하라

지금 한국교회에서 중요한 역할을 감당하는 세대는 60대 이상의 노년 세대입니다. 한국교회가 고령화됨에 따라서 교회 안에서 노년 세대의 역할이 더 중요해지고 있습니다. 그런데 노년 세대 중심으로 목회를 하면 3355세대들이 소외감을 느끼고 교회를 떠나게 됩니다. 반대로 3355세대들에게 집중하는 목회를 하다 보면, 노년 세대가 소외감을 느끼고 상처를 받을 수 있습니다. 자칫하면 교회 안에서도 세대 간의 갈등이 일어날 수 있습니다. 따라서 3355세대와 노년 세대를 연계하는 사역이 필요합니다.

3355세대와 노년 세대의 공통분모는 무엇일까요? 놀랍게도 '노년기'입니다. 노년 세대는 현재 노년기를 경험하고 있고, 3355세대는 앞으로 노년기를 경험하게 될 것이기 때문입니다. 3355세대의 미래가 바로 노년 세대입니다. 따라서 노년기 관련 주제를 몇 가지 정해서 서로 나누는 시간을 8주간 가지면 좋습니다. 물론 교회 상황에 따라 더 늘릴 수도 있고, 더 줄일 수도 있습니다. 그리고 한 번에 몰아서 할 수도 있고, 상반기에 4주, 하반기에 4주 진행할 수도 있습니다.

예를 들어, 3355세대와 노년 세대가 만나는 8주간은 오후 예배를 짧게 드리고 나서 교회학교의 공과공부처럼 3355세대와 노년 세대가 만나는 시간을 가지게 하는 것입니다. 이 8주간 모임에 최대한 많이 참여할 수 있도록 홍보하고 신청도 받습니다. 그런 다음 신청자 중에 3355세대와 노년 세대를 섞어 무작위로 조를 짭니다.

8주간 진행할 수 있는 노년기에 관한 주제는 삶의 의미, 죽음, 상실, 건강, 돈, 손주 사랑, 복음, 천국 등이 될 수 있습니다. 노년기에는 지금까지 살아온 과정을 돌아보며 삶의 의미를 찾게 됩니다.

또한 머지않은 죽음에 대해 두려워하거나 준비하게 됩니다. 주변의 친한 사람들이 하나둘 떠나면서 상실감과 우울을 경험하기도 하고, 쇠약해진 육체로 인해 건강을 염려하게 되며, 재정적인 염려도 할 수밖에 없습니다. 한편, 손주 사랑이 삶의 활력이 됩니다. 이 시기에는 복음에 대한 명확한 이해와 구원에 대한 확신을 점검할 필요가 있습니다. 그럼으로써 천국을 사모하도록 해야 합니다.

이런 주제를 가지고 노년 세대와 3355세대가 만나서 나눔을 하는 것입니다. 이를 통해 3355세대는 인생 선배한테서 노년을 대비하는 지혜와 노하우를 배우고, 그들을 이해하는 폭이 넓어질 것입니다. 그리고 3355세대와 노년 세대가 자연스럽게 친밀해질 수 있습니다.

14

상담 서비스를 제공하고 삶을 위로하라

3355세대는 가정과 사회생활 중에 어려움이 많습니다. 먼저 30대는 신혼을 지나 자녀가 생기면서 양육으로 인한 스트레스와 고민이 많아집니다. 배우자와 맞춰 가는 가운데 갈등이 심화될 수 있습니다. 또한 내 집 마련을 위한 경제적인 압박이 생길 수 있고, 육아비, 교육비 등에 대한 부담감이 커지게 됩니다. 회사에서는 승진을 위해 더 바빠지는가 하면, 승진에 실패했을 때 진로에 대한 고민이 깊어지게 됩니다.

40대는 사춘기 자녀와 갈등할 뿐만 아니라 그로 인해 부부관계도 소원해지기 쉬운 때입니다. 대학 입시와 진학 등으로 인해 교육비가 대폭 늘어나면서 경제적 부담도 커집니다. 회사에서는 중간 관리자로서 상사와 아래 직원 모두를 챙기는 동시에 중재하는 역할을 감당해야 합니다. 이 과정에서 세대 갈등을 겪을 수밖에 없습니다. 뿐만 아니라 퇴사가 빨라지는 세태인지라 승진에 실패할까 두렵고, 퇴사할지도 모른다는 불안감이 커질 수밖에 없습니다. 또한 부모들의 건강에 여러 문제가 생기는 시기라 부모 돌봄과 부양에 대한 부담도 상당합니다.

50대는 가정 안에서 상실을 경험하는 시기입니다. 자녀가 대학 진학이나 취업 후 독립을 하는 경우도 있고 결혼으로 집을 떠나는 경우도 있습니다. 이때 부모는 상실을 경험하게 됩니다. 자녀의 독립을 지원해야 하므로 경제적인 부담도 발생합니다. 남편과 아내만 남은 집에서 부부관계가 더 좋아질 수도 있지만, 오히려 더 나빠질 수도 있습니다. 많은 경우 이때 갈등이 잦아집니다. 한편, 고령의 나이가 된 부모 부양이 가장 큰 이슈가 되는 시기입니다. 그러다 부모가 세상을 떠나면 또 한 번 상실을 경험하게 됩니다. 회사에서는 퇴사 압박을 받거나 실제로 퇴사하기도 해서 경제적인 위기를 겪게 됩니다. 또한 노후 준비를 시작해야 하는 시기입니다.

이와 같은 3355세대들의 고민과 걱정과 눈물을 이해하면서 그들의 이야기를 전문가에게 털어놓을 수 있는 상담 서비스가 교회에서 제공되어야 합니다. 상시적으로 상담소를 운영할 수 없다면 주일에 몇 시간만이라도 3355세대들의 고민을 들어줄 수 있는 전문 기독 상담사를 모셔 오는 것이 필요합니다. 목회자가 상담해 줄 수도 있지만, 한계가 분명히 있습니다. 목회자는 전문 상담사가 아니기 때문이며, 또한 매주 만나야 하는 목회자와 친밀한 라포르가 형성되어 있지 않으면 속내를 털어놓기가 쉽지 않기 때문입니다. 그래서 외부 전문 기독 상담사를 모시는 것이 효과적일 수 있습니다. 자신들의 이야기를 최선을 다해 들어주고 위로해 주고 응원해 주는 교회를 3355세대들은 당연히 사랑할 수밖에 없을 것입니다.

15

삶에 활력을 불어넣는 클럽 활동을 지원하라

3355세대는 바쁜 일상 속에서 지쳐 있습니다. 그렇기 때문에 교회 안에서 3355세대들이 대학생 때처럼 클럽 활동을 할 수 있도록 지원해야 합니다. 클럽 활동을 통해서 3355세대들이 지친 일상 속에서 쉼을 얻고, 동시에 자신의 취미를 개발하는 기회를 가지며, 3355세대들 간의 친밀한 교제가 이루어지도록 해야 합니다.

3355세대들을 위한 대표적인 클럽으로는 스포츠 클럽(탁구, 피클볼, 테니스, 배드민턴, 풋살, 축구, 농구, 필라테스, 헬스, 러닝)이 있습니다. 스포츠 활동은 건강 관리 측면에서도 의미가 있고, 땀 흘리면서 함께할 때 더 친밀해질 수 있습니다. 러닝의 경우는 클럽으로도 운영할 수 있지만, 금요일 저녁에 3355세대 러닝 이벤트 시간을 마련해서 교회 주변 공원 등에서 함께 러닝을 할 수 있습니다. 새벽예배 마치고 출근 전에 러닝 모임을 가질 수도 있습니다.

그밖에 등산 클럽(우리나라 산을 등반하는 클럽), 독서 클럽(좋은 책을 선정해서 읽고 소감을 나누는 클럽), 영화 감상 클럽(주제별로 좋은 영화를 선정해서 감상하고 느낀 점을 나누는 클럽), 음악 감상 클럽(클래식, 팝 등 다양한 장르의 음악을 감상하고, 들은 음악에 관해 이야기를 나누는 클럽), 미술 클럽(다양한 종류의 미술 작품을 만드는 클럽), 캘리그라피 클럽(성경구절이나 명언 등을 캘리그라피로 쓰는 클럽), 어학 클럽(영어, 일본어, 중국어 등을 배우고 실습하는 클럽), 사진 클럽(인물과 자연, 건물 등 테마별로 사진을 찍는 취미를 공유하는 클럽), 영상 클럽(영상을 찍고 편집하는 클럽), 봉사 클럽(지역 사회를 위한 봉사, 봉사 기관에서 주최하는 활동에 참여하는 봉사 클럽) 등이 마련될 수 있습니다. 클럽 안에 전문가가 있으면 실력이 향상될 수 있어서 좋지만, 전문가가 없어도 회원끼리 자연스럽게 노하우를 나누면서 실력이 향상될 수 있습니다.

클럽 활동은 주일에 시작했다가 어느 정도 정착되면 주중 저녁에도 진행할 수 있습니다. 클럽 활동이 잘 정착되려면 주일에 공식적인 모임 시간을 정해 주어야 합니다. 서로 친하지 않은 상태에서 알아서 모이라고 하면 흐지부지해지기 쉽습니다. 그러므로 클럽을 조직하면, 주일에 클럽이 모이는 시간을 정하고, 클럽 안에 임원들을 세워 활성화되도록 도와야 합니다. 예를 들어, 매월 마지막 주에 3355세대 예배를 마친 뒤 모이게 하는 것입니다. 주일 모임이 원활하게 진행되면 주중에도 자연스럽게 모이게 됩니다. 클럽 활동은 3355세대의 삶에 활력을 불어넣고, 인생의 좋은 동료 혹은 선후배를 만나는 의미 있는 시간이 될 것입니다.

16

추억의 수련회로 신앙을 세우라

3355세대 중에는 중·고등학교 때 하나님을 뜨겁게 만난 뒤 신앙생활을 하는 사람들이 있습니다. 그때 그 뜨겁던 순간을 기억하면서 추억의 수련회를 가지면 좋습니다. 추억의 수련회를 기획하기 전에 수련회 준비팀을 먼저 구성해야 합니다. 수련회 준비팀에는 3355세대 담당 목회자와 30대와 40대, 50대 각각의 남녀 선교회 임원들이 들어갑니다. 이들 수련회 준비팀 구성원이 각 프로그램의 진행도 맡습니다. 중요한 것은 수련회 준비팀 구성원은 수련회 프로그램의 진행자이면서 동시에 참여자라는 사실입니다.

추억의 수련회의 목적은 첫째, 하나님을 다시 뜨겁게 만나는 것입니다. 중·고등학교 시절에 청소년 수련회를 통해 하나님을 뜨겁게 만났던 기억을 떠올리며 다시 하나님을 간절히 찾고 하나님을 뜨겁게 만나고 경험하는 것입니다.

둘째, 하나님께서 나를 변함없이 사랑하신다는 사실을 깨닫는 것입니다. 우리 삶을 지탱해 주는 가장 큰 힘은 바로 하나님의 사랑입니다. 우리의 자신감, 자부심, 자존감의 근거는 하나님께서 나를 언제나, 어느 때나 사랑하신다는 사실입니다. 이 사실을 다시금 깨닫는 것이 3355세대 추억의 수련회를 통해 얻고자 하는 것입니다.

셋째, 정체성을 재정립하는 것입니다. 3355세대들은 가정 안에서 누구 엄마, 누구 아빠로 살아갑니다. 사회에서는 가족을 위해 고군분투하게 됩니다. 그러노라면 내가 누구인지, 왜 이 일을 하고 있는지, 인생의 중요한 이유를 잃어버릴 때가 많습니다. 3355세대 추억의 수련회에서는 누구 엄마 누구 아빠라는 타이틀을 떼고, 직장에서 얻게 된 직책도 떼고, 온전히 '나'와 마주할 수 있어야 합니다. 내가 누구인지 신앙 안에서 자기 정체성을 재정립해야 합니다.

넷째, 공동체가 하나 되는 것입니다. 3355세대가 친밀감과 응집력을 가진다면 역동적인 교회가 될 수밖에 없습니다. 그래서 3355세대 추억의 수련회를 통해서 3355세대는 서로를 이해하고 알아 가며 더 친밀해질 수 있습니다.

다섯째, 쉼을 누리는 것입니다. 언제나 치열한 삶을 살아가는 3355세대가 추억의 수련회를 통해 일상에서 벗어나 웃고 떠들고 즐기면서 쉼을 누리는 것입니다.

여섯째, 상호 섬김을 실천하는 것입니다. 다음 세대 수련회와 다르게 3355세대 추억의 수련회에서는 참여자 모두가 식사를 차리고 설거지를 하고 뒷정리를 하면서 상호 섬김을 실천해야 합니다.

3355세대 추억의 수련회 프로그램은 (1) 오리엔테이션 (2) 조별 모임 및 나눔 (3) 조별 산책 (4) 예배 및 저녁 집회 (5) 레크리에이션(실내, 야외) (6) 3355세대 맞춤식 주제별 선택 특강 (7) 추억의 물놀이 (8) 캠프파이어 (9) 추억의 아침 체조 (10) 조별 장기자랑 (11) 성경 암송과 식사 (12) 롤링페이퍼 (13) 시상 (14) 단체 촬영 등으로 구성할 수 있습니다.

중·고등부 때처럼 2박 3일로 진행하면 좋겠지만, 자녀들을 누군가에게 맡기기가 부담스러운 경우는 1박 2일로 진행할 수 있습니다. 숙박도 힘들면 토요일에 무박 수련회로 진행할 수도 있고, 온라인과 대면을 섞은 하이브리드 수련회로 할 수도 있고, 심지어 온라인만으로도 진행할 수 있습니다.

수련회 첫째 날은 오후부터 시작하면 좋겠지만, 여건이 안 되면 저녁부터 시작하면 되고, 주말을 이용하거나 휴일을 이용하는 것도 가능합니다. 중요한 것은 수련회의 목적이 잘 드러날 수 있도록 진행하는 것이고, 최대한 많은 수가 참여하는 것입니다.

3355세대 추억의 수련회 프로그램은 다음을 참고하면 좋습니다.

오리엔테이션

오리엔테이션에서는 수련회의 목적을 설명하고, 수련회에서 지켜야 하는 규칙 등을 설명합니다. 그리고 수련회에 참여한 사람들이 돌아가며 자기소개를 짧게 합니다. 이후 편성된 조를 발표합니다. 조 편성은 30대, 40대, 50대가 섞이는 게 좋습니다. 그리고 수련회 동안에는 집사님, 권사님 호칭을 붙이지 말고 각자 지은 닉네임으로 부릅니다.

조별 모임 및 나눔

3355세대 추억의 수련회에서는 조별 모임 및 나눔이 매우 중요합니다. 첫째 날, 처음 조별 모임에서는 그들이 과거 청소년 수련회에서 경험한 조이름, 조가, 조구호 등을 정합니다. 그리고 우리 조를 대변하는 깃발을 만듭니다. 수련회 기간 내내 프로그램 진행자는 수시로 조이름, 조가, 조구호 등을 외치게 하면서 공동체성을 강화합니다.

조별 산책

조별로 수련회장 주변을 산책하면서 편안하게 대화하고 교제하게 합니다. 산책을 통해 자연에서 쉼도 누리고, 공동체 안에서 자연스러운 교제가 이루어질 수 있습니다.

예배 및 저녁 집회

수련회의 핵심은 예배입니다. 저녁 집회도 예배입니다. 수련회 예배에서 핵심 순서는 바로 찬양과 기도와 말씀입니다. 추억의 수련회이기에 찬양 선곡이 매우 중요합니다. 3355세대가 청소년 시절에 많이 부르던 찬양을 부릅니다. 예를 들어, 첫 번째 예배 때는 30대가 좋아하는 찬양을 부르고, 두 번째 예배 때는 40대가 좋아하는 찬양을 부르고, 세 번째 예배 때는 50대가 좋아하는 찬양을 부르는 것입니다. 이외에도 3355세대가 청소년 시절에 많이 부른 축복송으로 예배 시간에 서로 축복하는 시간을 가지면, 정말 은혜롭고 따뜻한 시간이 될 것입니다.

3355세대 추억의 수련회에서 부를 수 있는 축복송에는 '너는 시냇가에 심은 나무라' '당신은 사랑받기 위해 태어난 사람' '감사해요 깨닫지 못했었는데'(또 하나의 열매를 바라시며) '축복합니다 주님의 사랑으로' '아주 먼 옛날' '때로는 너의 앞에 어려움과 아픔 있지만' 등이 있습니다.

◆ 30대가 청소년 시절에 많이 부른 찬양 예시

- 예수 닮기를
- 나는 예배자입니다
- 주님 다시 오실 때까지
- 주님 말씀하시면
- 그 사랑 얼마나
- 하나님의 은혜
- 내 이름 아시죠
- 모든 열방 주 볼 때까지
- 나의 모습 나의 소유
- 나의 안에 거하라
- 예배합니다

- 주님 말씀하시면

◆ 40대가 청소년 시절에 많이 부른 찬양 예시

- 주께 가오니
- 해 뜨는 데부터
- 손을 높이 들고 주를 찬양
- 크신 주께 영광 돌리세
- 기뻐하며 왕께 노래 부르리
- 주 우리 아버지 우리는 그분의 자녀
- 예수 우리 왕이여
- 사랑하는 나의 아버지
- 부흥
- 우리 보좌 앞에 모였네
- 주의 자비가 내려와
- 기대

◆ 50대가 청소년 시절에 많이 부른 찬양 예시

- 너 예수께 조용히 나가
- 난 예수가 좋다오
- 하나님은 너를 지키시는 자
- 나 주님의 기쁨 되기 원하네
- 너는 내 아들이라
- 주님 손잡고 일어서세요

- 사랑의 종소리
- 나 무엇과도 주님을 바꾸지 않으리
- 내 마음에 주를 향한 사랑이
- 나의 등 뒤에서
- 실로암
- 주님여 이 손을 꼭 잡고 가소서

3355세대 담당 목회자가 찬양 리더를 하고, 찬양팀은 3355세대로 구성합니다. 목회자가 찬양을 인도하면서 뜨겁게 기도할 수 있도록 이끌어야 합니다. 청소년 수련회에서 처음 하나님을 인격적으로 만났을 때를 기억하면서 다시 하나님을 뜨겁게 만날 수 있도록, 그 만남을 통해 하나님과의 첫사랑을 회복할 수 있도록 기도해야 합니다.

설교의 주제는 복음입니다. 청소년 시절에 예수님의 복음을 받아들임으로써 죄의 문제를 해결하고, 하나님의 자녀가 되었습니다. 그래서 목회자는 3355세대들에게 복음의 내용을 체계적으로 전달하고 3355세대들이 복음의 진리를 깨닫고 다시 복음으로 그들의 삶이 새롭게 변화될 수 있도록 인도해야 합니다.

복음은 다음과 같은 내용을 담고 있습니다.

〈1〉 모든 인간은 하나님 앞에서 죄인입니다.

"모든 사람이 죄를 범하였으매 하나님의 영광에 이르지 못하더니" (롬 3:23)

성경에 나오는 죄의 내용은 다음 네 가지로 요약할 수 있습니다.

- 원죄

"너희가 그것을 먹는 날에는 너희 눈이 밝아져 하나님과 같이 되어 선악을 알 줄 하나님이 아심이니라" (창 3:5)

- 하나님을 믿지 않는 죄

"그를 믿는 자는 심판을 받지 아니하는 것이요 믿지 아니하는 자는 하나님의 독생자의 이름을 믿지 아니하므로 벌써 심판을 받은 것이니라" (요 3:18)

- 행동으로 다른 사람에게 피해를 주는 비도덕적이고 비윤리적인 죄

"살인하지 말라 간음하지 말라 도둑질하지 말라 네 이웃에 대하여 거짓 증거하지 말라 네 이웃의 집을 탐내지 말라 네 이웃의 아내나 그의 남종이나 그의 여종이나 그의 소나 그의 나귀나 무릇 네 이웃의 소유를 탐내지 말라" (출 20:13-17)

- 마음으로 짓는 죄

"나는 너희에게 이르노니 음욕을 품고 여자를 보는 자마다 마

음에 이미 간음하였느니라" (마 5:28)

〈2〉 죄의 문제를 해결할 수 있는 방법이 인간 내부에는 없습니다.

"무릇 우리는 다 부정한 자 같아서 우리의 의는 다 더러운 옷 같으며 우리는 다 잎사귀같이 시들므로 우리의 죄악이 바람같이 우리를 몰아가나이다" (사 64:6)

"누구든지 온 율법을 지키다가 그 하나를 범하면 모두 범한 자가 되나니" (약 2:10)

〈3〉 구원자 예수님께서는 우리 인간에게 오셔서 십자가에서 돌아가심으로 말미암아 인간의 모든 죄의 값을 대신 치러 주셨습니다.

"죄의 삯은 사망이요 하나님의 은사는 그리스도 예수 우리 주 안에 있는 영생이니라" (롬 6:23)

〈4〉 예수님께서 사망의 권세를 이기고 부활하심으로 말미암아 우리 인간의 죄 값이 모두 치러졌음이 증명되었습니다. 로마서 6장 23절에 근거하면 "죄의 값은 사망"인데, 죄의 값을 치렀으면 사망의 반대인 생명이 옵니다. 그 생명이 부활입니다.

〈5〉 예수님께서 내 모든 죄의 값을 치러 주신 유일한 구원자이심을 믿습니다.

"너희는 그 은혜에 의하여 믿음으로 말미암아 구원을 받았으니 이것은 너희에게서 난 것이 아니요 하나님의 선물이라 행위에서 난 것이 아니니 이는 누구든지 자랑하지 못하게 함이라" (엡 2:8-9)

〈6〉 믿는 것의 의미는 바로 영접하는 것을 뜻합니다.

"영접하는 자 곧 그 이름을 믿는 자들에게는 하나님의 자녀가 되는 권세를 주셨으니" (요 1:12)

"볼지어다 내가 문 밖에 서서 두드리노니 누구든지 내 음성을 듣고 문을 열면 내가 그에게로 들어가 그와 더불어 먹고 그는 나와 더불어 먹으리라" (계 3:20)

레크리에이션

3355세대가 청소년 시절에 수련회에서 많이 했던 추억의 레크리에이션을 하는 것입니다. 레크리에이션은 실내에서도 진행할 수 있고, 실외에서도 진행할 수 있습니다. 이때 조별로 점수를 매겨 잘한 조에게 시상을 합니다. 상품은 3355세대가 청소년 시절에 받았던 선물(예: 학용품, 과자, 신앙 서적, 도서상품권 등)로 준비합니다.

레크리에이션의 종류는 신문지 위에 올라가기, 몸으로 말해요, 스피드 퀴즈 등이 있습니다.

- 신문지 위에 올라가기: 신문지를 펼쳐서 조원들이 다 올라가는 미션을 주고, 그 미션을 다 수행하면 신문지를 반으로 접어서 올라가게 하고, 성공하면 다시 반을 접어서 올라가게 하는 미션입니다.
- 몸으로 말해요: 첫 번째 사람에게 제시어를 주면 첫 번째 사람은 동작으로 뒷사람에게 제시어를 설명하고, 뒷사람은 다시 그 뒷사람에게 차례로 동작으로 설명해서 마지막 사람이 첫 번째 사람이 설명한 제시어를 맞히는 것입니다.
- 스피드 퀴즈: 일정한 시간을 정해 놓고 조원들이 돌아가며 제시어를 설명해서 맞히는 게임입니다.

3355세대 맞춤식 주제별 선택 특강

3355세대가 일상의 삶에서 필요한 주제를 뽑고 전문가를 초청해서 특강을 듣게 하는 것입니다. 전체 특강으로 다 같이 듣게 해도 좋지만, 선택 특강으로 진행하는 것이 더 효과적일 수 있습니다. 선택 특강 주제의 예를 들면, 재테크, 건강 관리, 인간관계 및 소통 등이 될 수 있습니다.

추억의 물놀이

청소년 시절 수련회의 하이라이트는 물놀이였습니다. 3355세대 추억의 수련회에서도 물놀이를 넣어 그 시절로 돌아가 봅니다. 수련회장이 냇가 근처라면 냇가에서 물놀이를 하고, 아니라면 에어바운스를 대여해서 물놀이를 할 수 있습니다.

캠프파이어

수련회의 피날레 하면 캠프파이어입니다. 캠프파이어를 하면서 음악에 맞춰 포크댄스도 추고, 옥수수, 감자, 고구마 등을 구워 먹습니다. 수련회장 형편상 캠프파이어가 힘들면 캔들파이어로 진행할 수 있습니다.

추억의 아침 체조

청소년 시절 수련회에서는 아침마다 아침 체조를 했습니다. 아침에 함께 모여서 신나는 추억의 찬양을 틀어 놓고 아침 체조를 하면 상쾌하고 즐거운 기분으로 하루를 시작할 수 있습니다.

조별 장기자랑

그 시절 청소년 수련회에서 조별 장기자랑은 빼놓을 수 없는 시간이었습니다. 수련회 내내 쉬는 시간마다 조별로 틈틈이 모여서 조별 장기자랑을 준비하게 합니다. 노래, 춤, 연극 등의 조별 장기자랑을 한 뒤 잘한 조에게는 시상을 합니다.

성경 암송과 식사

3355세대가 참여한 청소년 수련회에서는 식사 전에 반드시 성경 암송을 조별로 했습니다. 그때의 추억을 되살려 식사 시간 전에 조별로 성경 암송을 하고, 목회자는 잘했는지 체크합니다. 한편, 식사 시간 중에 한 번은 꼭 야외 바비큐 파티를 하면 좋습니다. 3355세대가 즐겁게 교제하며 서로 친해질 수 있는 시간이 될 것입니다.

롤링페이퍼

그 시절 청소년 수련회에서는 마치기 전에 모든 참가자에게 롤링페이퍼를 써 주었습니다. 수련회에 참여한 모든 사람의 이름을 종이에 적고, 모두가 칭찬과 위로의 한마디를 남기는 것입니다. 수련회가 주는 가장 아름다운 선물이 될 것입니다.

시상

수련회의 마지막 순서로 조별 시상을 갖습니다. 수련회 기간 동안 조별로 점수를 매기고 등수별로 선물을 주는 것입니다. 시상 선물은 조별로 수련회 후 모여서 식사를 하거나 차를 마시는 비용을 지원하면 좋습니다. 이때 식사나 차를 함께했다는 인증샷을 올리게 합니다. 수련회 후속으로 한 번 더 모여서 교제를 나누는 좋은 기회가 될 것입니다.

단체 촬영

그 시절 청소년 수련회에서 했던 것처럼 똑같은 티셔츠를 맞춰서 입고 사진을 찍는 것입니다. 똑같은 티셔츠를 입고 단체 촬영을 하면 우리는 하나의 공동체라는 공동체 의식을 더 강하게 가질 수 있습니다.

형태별 수련회 프로그램

◆ 1박 2일 수련회 프로그램 예시

첫째 날	둘째 날
	조별 아침 묵상
	추억의 아침 체조
	성경 암송과 아침 식사
	오전 집회
성경 암송과 점심 식사	성경 암송과 점심 식사
개회 예배	조별 산책
오리엔테이션 & 조별 모임	3355세대 맞춤식 주제별 선택 특강
레크리에이션	레크리에이션
성경 암송과 저녁 식사	성경 암송과 저녁 식사 (바비큐 파티)
조별 산책	조별 산책
저녁 집회	저녁 집회
조별 나눔 및 캠프파이어	조별 나눔

◆ 2박 3일 수련회 프로그램 예시

첫째 날	둘째 날	셋째 날
	조별 아침 묵상	조별 아침 묵상
	추억의 아침 체조	추억의 아침 체조
	성경 암송과 아침 식사	성경 암송과 아침 식사
	3355세대 맞춤식 주제별 선택 특강	롤링페이퍼, 폐회 예배 및 시상
	점심 식사	

개회 예배	야외 레크리에이션 & 물놀이	
오리엔테이션		
조별 모임		
레크리에이션	자유 시간	
성경 암송과 저녁 식사	성경 암송과 저녁 식사 (바비큐 파티)	
조별 산책	조별 산책	
저녁 집회	저녁 집회	
조별 나눔 및 캠프파이어	조별 장기자랑	

◆ 무박 수련회 프로그램 예시

첫째 날
개회 예배
조별 모임
실내 레크리에이션
성경 암송과 점심 식사
야외 레크리에이션
3355세대 맞춤식 주제별 선택 특강
조별 나눔
성경 암송과 저녁 식사(바비큐 파티)
조별 산책
저녁 집회
캠프파이어

교회 상황이나 3355세대 구성원의 상황에 따라 어쩔 수 없이 온라인에서 수련회를 해야 한다면, 온라인에서 실시간 수련회를 진행할 수 있습니다. 온라인 수련회는 시간이 길어지면 실시간 참여 인원이 떨어질 수밖에 없기 때문에 하루 전체를 할애해서 진행하는 것보다는 오후부터 저녁까지 진행하거나 저녁부터 밤까지 진행하는 것이 효과적입니다. 온라인 수련회를 길게 할 수 있는 상황이라면, 이런 방식으로 이틀이나 3일에 걸쳐서 진행할 수 있습니다. 온라인 수련회는 몇 개 온라인 플랫폼을 사용해서 진행할 수 있습니다. 유튜브 라이브를 통해서는 예배와 집회를 진행할 수 있고, ZOOM을 통해서는 소그룹 모임 및 나눔을 할 수 있고, 레크리에이션을 진행할 수도 있습니다. 유튜브 라이브는 일방향 프로그램인 경우에, ZOOM은 쌍방향 프로그램인 경우에 효과적입니다.

마지막으로 온라인과 대면을 섞은 하이브리드 수련회도 시행할 수 있습니다. 하이브리드 수련회는 설교와 강의를 목회자가 사전에 영상으로 제작해서 수련회 참여자에게 제공하면, 참여자는 집에서 영상을 시청한 뒤 교회에 모여 소그룹 활동을 하는 것입니다. 소그룹 활동은 영상 설교나 강의에 대해 나눔을 할 수 있습니다. 그런 다음 교제와 함께 식사를 할 수 있습니다.

17

3355세대가 봉사하는 교회 문화를 만들라

3355세대는 대체로 자녀를 키우는 부모라는 공통점을 가지고 있습니다. 따라서 이들의 가장 큰 관심사는 자녀 교육과 양육입니다. 교회 봉사를 즐겁게 하려면 자신의 관심사에 맞는 봉사를 하면 됩니다. 그중 특히 교회학교 교사로 봉사하는 것이 1차로 선택해야 할 봉사임을 강조하고 독려해야 합니다. 이렇게 3355세대는 교회학교 교사를 한다는 문화를 교회 안에 정착시키는 것이 중요합니다. 이때 교사대학을 열어 3355세대가 아이들을 이해하고 소통할 수 있도록 전문성을 키우는 것이 필요합니다. 이는 교회학교 아이들뿐 아니라 가정에서 내 자녀와 소통하는 데도 크게 도움이 될 것입니다. 교회학교에서 자신의 아이가 아닌 다른 아이들을 교육하는 경험을 통해 자녀 양육에 있어서 전문성을 배양하게 될 것입니다.

3355세대가 교회학교 교사를 책임지는 문화가 정착되면

3355세대 간에도 친밀도가 높아져 시너지를 발휘하면서 기쁘게 봉사할 수 있습니다. 이뿐만 아니라 교회-가정 연계 사역이 훨씬 수월해질 수 있습니다. 또한 교회는 교회학교 교사 수급의 문제를 해결할 수 있습니다.

한편, 교육부 내 연계 활동 프로그램을 새롭게 진행할 수 있습니다. 유치부, 아동부, 청소년부, 청년부가 섞인 조를 짜서 미션을 주고 활동하게 하는 프로그램입니다. 교회학교 규모에 따라 그 인원수는 달라지겠지만, 예를 들어 유치부 2명, 아동부 2명, 청소년부 2명, 청년부 2명으로 구성된 한 조를 만들어 그들끼리 언니 오빠 누나 동생 등으로 부르며 가족처럼 지내게 합니다. 여기에 3355세대 중 한 명이 그들의 이모 또는 삼촌으로 들어가 조모임을 활성화시킵니다. 함께 식사하는 시간을 갖거나 소풍이나 탐방 등의 야외 활동을 갖고 또는 교회 안에 필요한 봉사를 하는 것입니다. 사춘기에 든 아이들은 엄마 아빠와는 통 대화하고 싶어 하지 않지만 삼촌이나 이모하고는 곧잘 소통합니다. 부모는 내 자녀에 대해선 엄격하지만 다른 자녀한테는 대체로 너그럽기 때문입니다. 삼촌이나 이모가 되면 그들의 눈높이에서 대화할 수 있는 까닭입니다. 그래서 3355세대는 다른 가정의 자녀들에게 좋은 어른이 될 수 있습니다. 더불어 교회학교를 세워 가는 중요한 역할을 감당할 수 있습니다.

이외에 교회 밖 사회봉사에도 3355세대가 섞여서 함께 참여할 기회를 제공하면 좋습니다. 3355세대가 함께 봉사하면 각자 잘하는 분야에서 역할을 감당하면서 시너지를 낼 수 있습니다.

예를 들어, 봉사활동 중에 힘을 많이 써야 하는 봉사라면 상대적으로 젊은 30대가 주로 맡고, 사춘기 아이들을 돕는 봉사라면 사춘기 자녀를 양육하는 40대가 주로 맡으며, 이야기를 들어주거나 상담이 필요한 봉사라면 상대적으로 나이가 있는 50대가 주로 맡는 것입니다. 이렇게 3355세대가 함께 봉사활동을 하면 시너지를 발휘할뿐더러 자연스럽게 친해지면서 공동체성이 강화될 수 있습니다.

33
55

2부

3355세대의 자녀를 세우는 데 에너지를 집중해야 한다

01

교육 내용만큼 공간과 환경도 중요하다[8]

3355세대는 자녀들을 키우는 부모 세대이기에 누구보다도 자녀들에 대한 애정이 큽니다. 그렇기 때문에 자녀들의 눈높이에 맞는 교회 공간 구성에 대해서 적극 찬성합니다. 부흥하는 교회의 공통된 특징은 바로 자녀 세대가 교회에 많다는 것입니다. 보통의 교회는 '부모가 자녀를 데리고 오는 교회'이지만, 부흥하는 교회는 '자녀가 부모를 이끌고 오는 교회'입니다. 자고 있는 자녀를 억지로 깨워서 교회에 데려오는 것이 아니라, 자녀가 먼저 일어나 엄마 아빠를 깨워서 교회에 이끌고 오는 것입니다. 이 자녀들이 교회에 관심을 갖게 하는 데 있어 매우 중요한 포인트는 바로 공간 구성입니다.

---

8 이 장은 2025년 10월 30일 장로회신학대학교에서 진행된 제11회 한·일 신학자 학술회의에서 "청소년의 특성에 맞는 교회 청소년부 공간 연구"라는 제목으로 발표집에 실린 필자의 글을 수정 보완한 것이다.

교육에 있어서 중요한 두 가지 키워드는 바로 What과 How입니다. What은 교육 내용을 의미하고, How는 교육 내용을 구현하는 교육 환경을 의미합니다. 과거의 교육은 '무엇을 가르칠 것인가' 하는 교육 내용이 중요했으나, 현재의 교육은 '교육 내용을 어떻게 구현할 것인가' 하는 교육 환경이 더 중요합니다.

교육 내용과 교육 환경을 쌈장과 쌈장을 담는 그릇으로 비유할 수 있는데, 과거에는 쌈장이 중요했습니다. 쌈장을 어떤 그릇에 담느냐는 별로 중요하지 않았습니다. 그러나 지금은 쌈장도 중요하지만, 쌈장을 담는 그릇이 매우 중요합니다. 왜냐하면 쌈장을 유리그릇에 담느냐, 플라스틱 그릇에 담느냐, 옹기에 담느냐에 따라 쌈장의 맛이 달라지기 때문입니다. 실제로 과학적인 근거에 의해서 쌈장은 담는 그릇에 따라 맛이 달라집니다. 즉 쌈장을 담는 그릇이 쌈장의 맛을 결정한다고 말할 수 있다는 것입니다. 교육 환경이 교육 내용을 결정할 수도 있다고 말할 만큼 교육 환경이 중요하다는 점을 꼭 기억해야 합니다.

아이들은 친숙하게 느낄 수 있는 공간에서 교회를 친밀하게 느낍니다. 아이들은 교육 환경이 마음에 들어야 교육 내용을 받아들입니다. 설교의 예를 들면, 예배 공간과 환경이 자신들에게 어색하지 않고 친숙하게 느껴지고 마음에 들면 설교 내용을 받아들인다는 것입니다. 그래서 교회 리더들은 아이의 입장이 되어 교회 정문에 들어서서 예배 공간을 향해 가는 길, 예배 공간과 환경, 예배를 마친 뒤 갖는 공과공부 환경, 화장실, 식당 등 모든 교회 공간을 세심하게 조사하고, 아이들 눈높이에 맞는 공간으로 과감하게 변화시켜야 합니다.

교회 안에서 특히 가장 중요한 곳은 자녀 세대가 드리는 예배 공간입니다. 아직도 장의자를 사용하는 교회가 있는데, 아이들한테 장의자는 낯설고 불편합니다. 아이들이 교회 환경을 평가할 때 비교의 기준이 바로 학교입니다. 요즘 아이들은 학교에서 교육 공학적으로 연구해서 출시된 책상과 의자에서 공부합니다. 각 반에는 스마트 터치스크린이 있습니다. 그런 아이들에게 장의자는 매우 딱딱한 데다 일렬로 붙어 앉아야 해서 불편합니다. 이 불편하고 어색한 교회 환경이 아이들이 교회에 오기 싫은 이유가 될 수 있습니다.

따라서 당회를 중심으로 교회학교 목회자와 대표 교사들, 교육부 아이들 대표가 포함된 교육 공간(환경) 구성위원회를 조직해서 교육부 예배와 공과 및 활동이 이루어지는 모든 공간을 정기적으로 다니면서 교육 공간(환경)이 아이들의 눈높이에 맞게 구성되도록 개선해야 합니다. 아이들을 대상으로 교회 환경 만족도 및 개선 사항에 대한 설문조사도 하고, 바꿀 수 있는 부분은 과감하게 바꾸어야 합니다. 이것은 재정이 넉넉한 교회만 할 수 있는 것이 아니라 아이들을 진정으로 생각하고 그들에게 관심 있는 교회라면 다 할 수 있습니다.

제가 예전에 어느 교회 청소년부에서 사역했을 때입니다. 청소년부 예배 공간의 조명이 형광등으로 된 것을 확인했습니다. 형광등은 이성적인 작업을 할 때 적당해서 사무실이나 학교에 설치합니다. 이성적인 요소보다는 감성적인 요소가 더 많은 예배 공간에는 어울리지 않습니다. 예배 공간에는 형광등보다는 백열등이 따뜻하게 느껴져서 감성 터치에 적합합니다. 하지만 당시 교회는 청소년부 예배 공간에 있는 등을 다 바꿔 줄 만한 형편이 못 되었습니다. 그래서 저는 마트에 가서 몇천 원짜리 작은 휴대용 똑딱이 조명등을 일곱 개 사서 테이프로 예배 공간 앞부분에 붙였습니다. 그리고 불을 다 끄고 일곱 개 똑딱이 불을 켜서 예배를 드렸습니다. 그러자 조명 효과도 있어서 아이들이 예배에 더 집중할 수 있었습니다. 물론 여러 복합적인 요인이 있었겠지만, 청소년부는 연말에 두 배 가까이 성장할 수 있었습니다.

또한 일렬보다 원형으로 의자를 배치하는 게 좋습니다. 자리를 원형으로 배치하고 찬양팀을 가운데 들어오게 해서 찬양을 인도하게 하면, 콘서트 느낌도 나고 360도 어디에 앉든 찬양팀을 가까이에서 볼 수 있기 때문에 예배 집중도가 올라갑니다. 찬양 후 설교자도 가운데 들어가서 동서남북 천천히 움직이면서 설교하면 아이들과 눈 맞춤도 할 수 있어 예배 참여를 높일 수 있습니다.

예배 공간을 아이들한테 친숙하게 바꾸는 것은 돈의 문제가 아니라 관심의 문제라는 사실을 꼭 기억하고, 우리 교회 상황에서 할 수 있는 것부터 실천하기 바랍니다.

최근 담임목회자 20여 명을 제가 인솔해서 부흥하는 미국 교회를 탐방하고 온 적이 있습니다. 미국의 부흥하는 교회들의 공통점 중 하나는 교회 규모가 크든지 작든지 관계없이 교회 공간을 자녀 세대에 맞춰서 구성한다는 점입니다. 교회 입구에 아이들을 환대하는 문구가 있고, 교회 메인 로비에 아이들이 신나게 놀 수 있는 키즈 카페가 있고, 아이들이 좋아하는 만화 캐릭터를 교회 곳곳에 배치해 두는 등 자녀 세대들의 문화가 스며 있습니다.

어느 미국 교회에 탐방했을 때입니다. 동행한 한 목사님이 그 교회 목사님에게 이렇게 물었습니다.

"이렇게 교회 공간을 아이들 중심으로 바꾸면 어른 세대들은 서운해하지 않습니까?"

그러자 그 교회 목사님은 고개를 갸웃거리며 잠시 말을 잇지 못하다가 이렇게 말했습니다.

"한국은 교회 공간을 아이들 중심으로 구성하면 어른들이 서운해하나요?"

미국에서는 교회 공간을 아이들 중심으로 구성하는 것이 너무나 당연하기 때문에 한국 목사님의 질문 자체를 이해하지 못했던 것입니다.

이제 3355세대가 교회에 오게 하기 위해서는 그들의 자녀들을 잡아야 합니다. 저는 어느 교회에서 설교하든지 교회는 가족이라고 말합니다. 예수님의 말씀에 근거하면 교회는 가족입니다. 마가복음 3장 35절에서 예수님은 "누구든지 하나님의 뜻대로 행하는 자가 내 형제요 자매요 어머니이니라"고 말씀하셨습니다. 이 말씀을 해석하는 데 중요한 근거가 되는 말씀이 바로 요한복음 6장 29절입니다. "예수께서 대답하여 이르시되 하나님께서 보내신 이를 믿는 것이 하나님의 일이니라 하시니." 하나님께서 보내신 이가 바로 예수님입니다. 예수님을 믿는 것이 하나님의 일입니다. 그래서 요한복음 6장 29절의 말씀과 마가복음 3장 35절의 말씀을 합치면 이런 해석이 나올 수 있습니다. "누구든지 하나님의 뜻대로 행하는 일이 예수님을 믿는 것인데, 예수님을 믿는 자가 내 형제요 자매요 어머니 즉 내 가족이니라." 예수님의 말씀에 근거하면 예수님을 믿는 자가 바로 내 가족인 것입니다. 예수님은 상징적인 가족을 말씀하신 게 아닙니다. 실제적인 가족을 말씀하신 것입니다. 그래서 교회는 가족입니다. 왜냐하면 교회는 '예수 그리스도를 구주로 믿는 사람들의 모임'이기 때문입니다.

교회는 가족이고, 이 가족에 우리 자녀 세대들이 있습니다. 일반 가정에서 모든 우선순위는 자녀에게 맞춰져 있는 것을 봅니다. 맛있는 음식이 있으면 제일 먼저 자녀들에게 주고, 부모는 대충 입어도 자녀들에겐 좋고 비싼 옷을 입힙니다. 살림살이 중 가장 많이 지출하는 것이 바로 교육비입니다. 부모는 허리띠를 졸라매서라도 자녀를 잘 키우고 싶어 합니다. 교회도 마찬가지입니다. 자녀 세대를 최고로 대우해 주고, 그들의 눈높이를 맞추는 것은 당연합니다. 교회 예산에서 가장 우선적으로 교회학교 예산을 배정해야 합니다. 당연히 공간 구성도 자녀 중심으로 해야 합니다. 우리는 가족이니까요.

마태복음 18장 1-4절은 "그때에 제자들이 예수께 나아와 이르되 천국에서는 누가 크니이까 예수께서 한 어린아이를 불러 그들 가운데 세우시고 이르시되 진실로 너희에게 이르노니 너희가 돌이켜 어린아이들과 같이 되지 아니하면 결단코 천국에 들어가지 못하리라 그러므로 누구든지 이 어린아이와 같이 자기를 낮추는 사람이 천국에서 큰 자니라"라고 말씀합니다. 어른 중심의 유대 사회에서 예수님은 어린아이들을 세우고 존중하고 높이셨습니다. 이 사실을 진정으로 받아들여야 합니다.

환대의 공간으로 만들라

요즘 자녀 세대의 특징 중 하나가 자신과 코드가 맞으면 매우 친밀한 동질감을 형성하지만, 그렇지 않으면 무섭게 배타적이라는 것입니다. 한마디로 끼리끼리 어울리는 문화가 있습니다. 같은 게임을 하는 친구들끼리 어울리고, 똑같은 아이돌 가수를 좋아하는 친구들끼리 어울리고, 취미가 같은 친구들끼리 어울리는 겁니다.

만일 불신자 가정의 아이가 전도를 받고 교회에 온다면 어떤 일이 일어날까요? 요즘 교회학교 아이들은 어릴 때부터 부모를 따라 교회에 와서 만난 친구들과 신앙생활을 합니다. 그러니 전도받고 온 아이는 환대보다는 차별과 소외를 느끼기 쉽습니다. 교회학교에 쉽게 동화되기 어렵습니다.

그러나 성경은 "너희는 유대인이나 헬라인이나 종이나 자유인이나 남자나 여자나 다 그리스도 예수 안에서 하나이니라"(갈 3:28)고 가르칩니다. 기독교 신앙은 예수 안에서 하나입니다. 예수 안에서 다 친해야 합니다. 예수 안에서 차별과 배타성은 존재하지 않습니다. 따라서 교회 공간은 나와 다른 사람들을 마음으로 받아들이고, 다양한 생각을 편안하게 수용할 수 있는 환대 공간으로 구성해야 합니다. 소외되는 사람 하나 없이 모두가 함께 어울릴 수 있는 따뜻한 공간으로 구성해야 합니다.

경기도 김포에 위치한 B교회는 교회 공간 전체에 아이들을 위한 다양한 환대 공간을 마련해서 아이들이 행복하게 신앙생활을 하는 교회입니다. 교회 로비에 전면 대형 스크린을 설치하고 맞은편에는 앉을 수 있는 계단을 두어 아이들이 영화, 스포츠 경기를 보는가 하면, 작은 음악회도 갖고 강연도 진행합니다. 야외

에는 운동장이 있어서 아이들이 풋살, 농구, 테니스 등을 합니다. 이뿐만 아니라 4개의 부스 샤워실과 8인 라커룸까지 갖추고 있어서 언제든지 운동 후에 샤워를 할 수 있습니다. 요즘 여학생들이 화장하는 것을 고려해 파우더룸까지 있습니다. 이외에도 아이들의 감성을 터치하는 카페를 구성해 누구나 들어와 차를 마시고 친구와 수다를 떨고 공부도 하고 그룹 모임도 하도록 했습니다.

놀이 교육(에듀플레이) 공간으로 만들라

에듀플레이(Eduplay)는 교육(Education)과 놀이(Play)의 합성어입니다. 아이들은 배우면서 성장하고 발전합니다. 요즘 아이들은 바쁘다는 이유로 교회에 머무는 시간이 매우 적습니다. 그렇다 보니 체계적으로 성경을 공부하고, 교리를 공부하는 교육이 잘 이뤄지지 않습니다. 따라서 아이들에게 복음을 정확하게 알려 주고, 하나님의 말씀을 체계적으로 가르칠 수 있는 교육의 기능을 강화해야 합니다. 이를 위해 교육 공간을 구성할 때, 교사가 일방적으로 아이들을 가르치는 게 아니라 쌍방향 소통이 일어날 수 있도록 구성해야 합니다. 교사와 아이들 간에 자연스럽게 질문이 오가고 자기 생각을 개진할 수 있는 분위기가 조성되어야 하는 것입니다. 그럴 때 아이들은 신앙교육에 적극적으로 참여할 수 있습니다.

한편, 아이들한테 놀이는 매우 중요합니다. 안타깝게도 지금 우리 아이들은 초등학교에만 들어가도 입시 스트레스에 시달립니다. 당연히 편안하게 놀 시간이 현저하게 부족합니다. 교회에서는 아이들이 편안하게 친구들과 대화하고 놀 수 있도록 해야

합니다. 가볍게 몸을 움직여서 놀 수 있는 동적인 놀이와 보드게임과 같이 앉아서 놀 수 있는 정적인 놀이를 포괄하는 놀이 공간이 필요합니다. 그리고 교육 공간과 놀이 공간을 엄격하게 분리하는 것이 아니라, 교육 공간이 놀이 공간이 되고, 놀이 공간이 교육 공간이 될 수 있도록 에듀플레이의 관점에서 공간을 구성해야 합니다.

청소년 사역 전문단체인 D재단에서 운영하는 청소년센터는 놀이와 쉼을 제공하는 에듀플레이 공간에서 신앙교육과 나눔이 이뤄지고 있습니다. 주중과 주말에 정기 예배와 신앙교육, 나눔을 갖는 동시에 뜨개질, 공예, 악기 연주, 보드게임 등 다채로운 활동을 하고 있습니다.

운동 공간으로 만들라

교회 교육은 전인 교육을 추구합니다. 전인(whole person)은 영성, 지성, 감성, 의성, 체성으로 구성됩니다. 교회 교육은 영성을 중심으로 지성, 감성, 의성, 체성을 키우는 교육이 되어야 합니다. 그런데 이 다섯 가지 영역 중 가장 잘 이루어지지 못하는 영역이 바로 체성입니다. 교회에 와서 예배드리고 공과공부하는 것이 교회 교육의 가장 중요한 부분이지만, 이외에도 스포츠 활동을 통해서 아이들이 체성을 기를 수 있어야 합니다. 교회 안에 아이들이 운동할 수 있는 공간을 마련해야 합니다.

교회마다 형편이 다르므로 스포츠 공간은 크게도 작게도 만들 수 있습니다. 중요한 점은 아이들에게 운동할 수 있는 공간을 제공해야 한다는 것입니다. 이 운동 공간에서 풋살, 농구, 피클볼, 배드민턴, 탁구 등을 할 수 있고, 재미있는 레크리에이션 활동도 할 수 있습니다. 이것을 동아리 형태로 만들어서 진행할 수 있습니다. 교육부 안에 풋살 동아리, 농구 동아리, 피클볼 동아리, 배드민턴 동아리, 탁구 동아리, 레크리에이션 동아리 등을 만드는 것입니다. 매월 마지막 주일에 예배 후 동아리 활동을 하도록 교회 교육 시스템을 만들고, 주중에도 동아리 활동을 할 수 있도록 합니다. 그리고 교육부 교사들을 대상으로 좋아하는 스포츠를 조사한 뒤 그에 맞게 동아리 지도 교사로 세울 수 있습니다. 개인주의가 갈수록 심화되는 요즘, 운동으로 서로 마음을 열고 어울리는 기회를 교회가 제공해 주어야 합니다.

서울시 서초구에 위치한 B교회는 아이들의 스포츠 활동을 위한 운동 공간이 있습니다. 아이들은 이 공간에서 풋살, 농구, 피클볼, 배드민턴, 탁구 등의 운동과 다양한 레크리에이션을 계절과 날씨에 관계없이 할 수 있습니다. 아이들은 다양한 운동을 통해 스트레스 해소를 하는 동시에 서로 어울리며 공동체성을 다지고 있습니다.

상상력을 자극하는 공간으로 만들라

자녀들은 한창 상상력이 발달하는 시기를 보내고 있습니다. 상상력을 통해서 추상적인 사고가 가능하고, 눈에 보이지 않는 이면의 내용을 이해할 수 있는 통찰을 얻게 됩니다. 이 상상력은 창의력으로 발현됩니다. 따라서 교회 공간은 아이들의 상상력을 자극하는 공간으로 디자인해야 합니다.

교회 벽면에 페인트와 물감으로 성경의 내용을 중심으로 그림을 그리는가 하면, 의자와 탁자, 보면대 등도 성인 예배 공간에서 흔히 보는 제품이 아닌 시각적 효과를 주는 제품으로 구성해 상상력을 자극할 수 있습니다. 상상력을 통해서 성경의 스토리 안으로 들어가게 하고, 상상력을 통해서 신앙의 깊은 세계를 탐구하고 싶은 마음이 들게 하는 환경을 만드는 것입니다. 더 나아가 실제 만지고 경험할 수 있는 교육 물품과 VR(Virtual Reality) 시스템(예: 작은 노아의 방주 공간과 VR을 통한 노아의 방주 탐험)과 여러 교구재(블록, 찰흙, 퍼즐, 원목 교구 등)를 마련하면 상상과 경험이 어우러지는 입체적인 교육이 이루어질 수 있습니다.

경기도 남양주에 위치한 W교회는 본당으로 올라가는 벽면과

식당 벽면에 어른 성도들이 재능 기부를 통해 성경의 내용을 바탕으로 그림을 그려 놓았습니다. 아이들은 이 그림들을 보면서 상상력을 동원해 성경의 세계를 탐구하고 있습니다.

뉴트로(Newtro) 공간으로 만들라

요즘 아이들의 일상은 디지털입니다. 아이들은 스마트폰으로 게임도 하고, 유튜브도 시청하고, 음악도 듣고, 공부도 하고, 친구도 만납니다. 디지털은 그들에게 일상입니다. 그러나 아이들은 동시에 일상을 벗어나 새로운 것을 추구하고 싶어 합니다. 아이들에게 새로운 것은 한 번도 경험해 보지 못한 것입니다. 어른들이 경험한 레트로(Retro)는 아이들이 경험해 보지 못한 전혀 새로운 것입니다. 그러니까 레트로는 아이들에겐 뉴트로(Newtro)입니다. 교회 공간을 구성할 때 아이들의 일상이 된 디지털과 어른

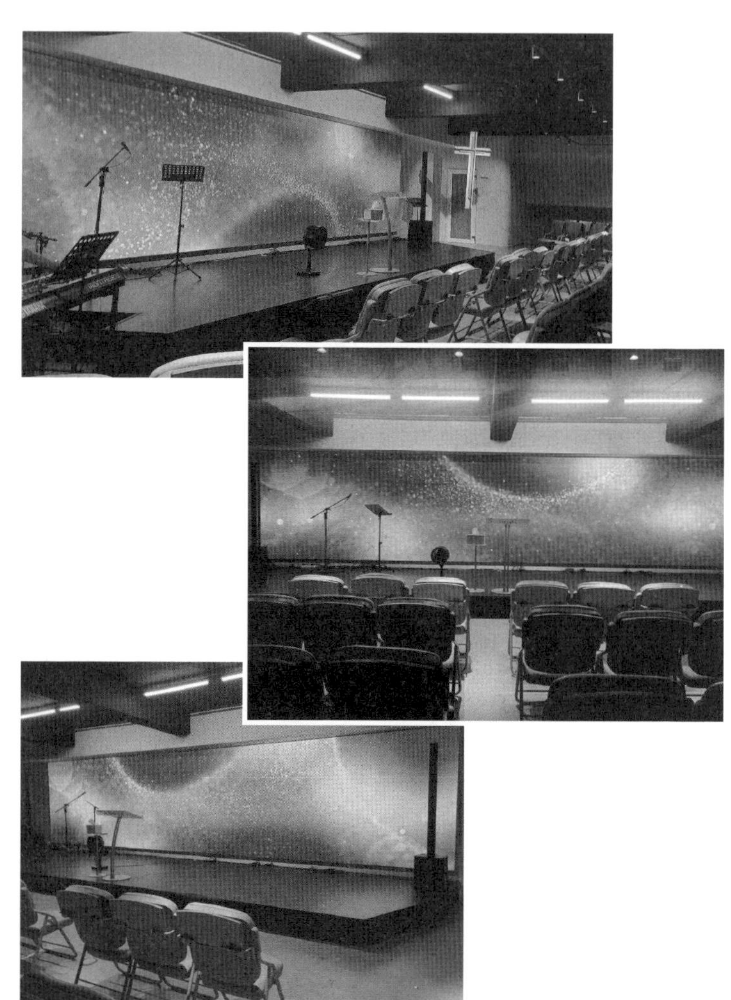

세대가 경험한 아날로그가 조화를 이루는 공간으로 꾸밀 필요가 있습니다. 즉 최첨단과 레트로가 공존하는 진정한 뉴트로의 공간이 필요합니다.

경기도 부천시에 위치한 S교회는 상가 교회로 규모가 작다 보니 부모와 자녀가 함께 예배를 드립니다. 교회는 아이들을 배려하고 그들의 문화를 존중하기 위해 교회 본당에 전면 스크린을 설치하고, 최첨단 영상을 이용해 예배를 드리고 있습니다. 예배 후에는 아날로그적인 다양한 소그룹 모임이 이곳에서 이루어집니다.

나눔 공간으로 만들라

자녀들의 눈높이에 맞는 공간이란 아이들이 서로 음식을 나누고 이야기를 나눌 수 있는 공간입니다. 음식을 나누고, 이야기를 나누는 것은 따로 떨어져 있지 않습니다. 음식을 나눠 먹으면서 이야기를 나누게 되기 때문입니다.

한창 성장기에 있는 아이들은 식욕이 왕성합니다. 바쁜 학업 때문에 에너지 소모도 많아서 수시로 배고픔을 느낍니다. 따라서 교회 공간에 아이들이 먹을 수 있는 공간을 비치해야 합니다. 음료와 아이스크림, 라면과 과자, 빵 등을 항시 비치해 두고 주일뿐만 아니라 주중에도 편하게 와서 먹을 수 있도록 식탁의 공간을 마련해야 합니다. 편하게 와서 마음껏 먹을 수 있는 교회라면, 아이들로선 교회의 배려와 사랑을 느끼지 않을 수 없습니다. 무엇보다 누구든 먹을 때 마음 문이 열립니다. 아이들끼리 그리고 부모 세대와 함께 음식을 나눠 먹으면서 마음을 터놓고 소통하는 시간이 될 수 있습니다.

서울시 강북구에 위치한 M교회는 옥상에 아이들을 위한 공간을 마련했습니다. 다양한 간식(라면, 과자, 빵, 아이스크림 등)을 언제나 마음껏 먹을 수 있도록 준비해 두고, 아이들이 때로는 의자에 앉아서, 때로는 편안한 쿠션에 앉아서, 때로는 인조 잔디에 앉아서 편안하게 대화할 수 있도록 공간을 구성했습니다.

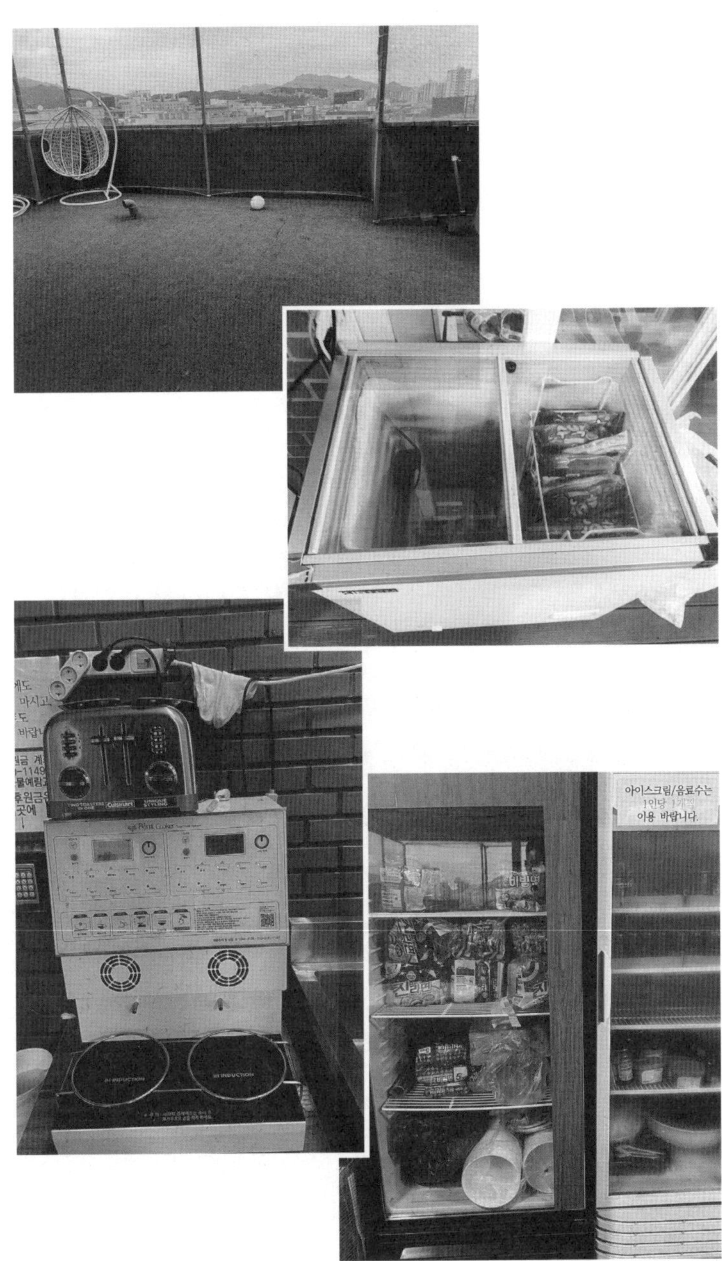
아이스크림/음료수는
1인당 1개씩
이용 바랍니다.

02

부모를 가정의 신앙 교사로 세우라

3355세대는 자녀들을 키우는 부모 세대라서 무엇보다 자녀 양육에 관심이 많습니다. 동시에 그로 인한 스트레스도 많습니다. 부모들과 대화를 나눠 보면, 제일 큰 관심사이자 고민이자 걱정은 자녀 양육임을 알 수 있습니다. 따라서 교회는 가정과 연계하는 목회 시스템을 만들고, 부모 세대가 자녀 양육을 하는 데 실제적인 도움을 줄 수 있어야 합니다. 부모가 가정 안에서 신앙 교사의 역할을 온전히 감당하려면 체계적인 부모 교육이 필요한데, 부모대학을 열어 부모 교육을 기획하고 진행할 수 있습니다.

부모대학에 들어갈 커리큘럼으로는 자녀 양육 커리큘럼 영역과 자기 성장 커리큘럼 영역으로 나눌 수 있습니다. 자기 성장 커리큘럼이 반드시 들어가야 하는 것은, 부모는 누구 엄마 누구 아빠가 아닌 나 자신으로서 존중받기를 원하기 때문입니다. 많은 교회가 부모 교육 하면 자녀 양육만 다루는데, 부모도 한 명의 소중한 인간으로서 존중받고 발전하는 사람이 되기를 원합니다. 부모가 한 사람으로서 성장해 갈 수 있도록 이끄는 커리큘럼을 교회가 제공해야 합니다.

자녀 양육 커리큘럼 영역에는 (1) 부모로서의 소명과 사명 (2) 자녀 이해하기(지적, 심리적, 도덕적, 영적, 문화적 특징 이해) (3) 자녀와의 대화 및 소통법 (4) 자녀 교육법 (5) 자녀 훈육법 (6) 자녀 상담법 (7) 자녀 코칭법 (8) 자녀의 발달 시기에 따른 삶의 고민들(관계, 갈등, 학업, 진로, 중독 등) (9) 가정예배의 이론과 실제 (10) 자녀와 함께할 수 있는 신앙 훈련의 이론과 실제 등이 들어갈 수 있습니다.

또 자기 성장 커리큘럼 영역에는 (1) 성격 이해 및 좋은 성품 계발 (2) 가치관의 이해 (3) 리더십의 유형과 실제 (4) 자기 계발법 (5) 스트레스 및 갈등 관리 (6) 말하는 방법(화법) (7) 시간 및 스케줄 관리 (8) 관계 훈련 (9) 은사 및 재능 이해 (10) 성경적인 관점에서 재정 이해 및 재정 관리가 들어갈 수 있습니다.

위의 커리큘럼은 부모대학에 들어갈 전체 커리큘럼을 제시한 것이기에 교회 상황에 따라 조정할 수 있습니다. 교육은 강의와 나눔으로 구성해 진행하면 좋습니다.

부모대학 커리큘럼	
자녀 양육 커리큘럼 영역	자기 성장 커리큘럼 영역
(1) 부모로서의 소명과 사명 (2) 자녀 이해하기(지적, 심리적, 도덕적, 영적, 문화적 특징 이해) (3) 자녀와의 대화 및 소통법 (4) 자녀 교육법 (5) 자녀 훈육법 (6) 자녀 상담법 (7) 자녀 코칭법 (8) 자녀의 발달 시기에 따른 삶의 고민들(관계, 갈등, 학업, 진로, 중독 등) (9) 가정예배의 이론과 실제 (10) 자녀와 함께할 수 있는 신앙 훈련의 이론과 실제	(1) 성격 이해 및 좋은 성품 계발 (2) 가치관의 이해 (3) 리더십의 유형과 실제 (4) 자기 계발법 (5) 스트레스 및 갈등 관리 (6) 말하는 방법(화법) (7) 시간 및 스케줄 관리 (8) 관계 훈련 (9) 은사 및 재능 이해 (10) 성경적인 관점에서 재정 이해 및 재정 관리

부모대학은 기수별로 모집하고, 한 주에 자녀 양육 커리큘럼과 자기 성장 커리큘럼을 각각 1시간씩 총 10주 차로 진행합니다. 10주 코스의 부모대학을 마치고 나면 부모헌신예배를 드립니다. 이때 모든 부모를 초청하고 설교는 부모의 소명과 사명을 주제로 하며, 부모들이 특송을 하여 부모로서 헌신을 다짐하는 시간을 갖습니다. 부모대학 수료증을 수여하는 한편, 축하와 소감을 나누는 시간도 갖습니다.

이외에도 아버지, 어머니로서 사명감과 책임감을 부여하고 다지기 위해 아버지대학, 어머니대학을 진행할 수 있습니다. 이때도 교육 과정을 마치면 아버지헌신예배, 어머니헌신예배를 진행합니다.

03

가정 신앙교육을 위한 교육 자료를 제공하라

가정 안에서 부모가 신앙 교사로서 그 역할을 잘 감당하려면 가정교육을 위한 교육 자료가 필요합니다. 많은 부모가 자녀의 신앙 교사로서 어떻게 가르치고 모범을 보여야 하는지 모르겠다고 말합니다.

부모는 신앙 교육의 전문가가 아니라고 생각해서 스스로 자료를 만드는 데 부담감을 가집니다. 따라서 교회는 교회 홈페이지에 가정교육을 위한 리소스 센터를 만들어서 부모가 가정에서 활용하도록 해야 합니다.

리소스 센터에는 주중 성경 공부 자료, 제자훈련 자료, 묵상 자료, 성경 암송 자료, 가정예배 자료 등을 업로드해서 누구든 자료를 다운로드 받을 수 있도록 합니다. 더 나아가 가정에서 이 자료들을 어떻게 활용할 수 있는지 그 방법을 동영상으로 제작해서 제공합니다. 리소스 센터 운영의 핵심은 꾸준한 업데이트를 통해 최신 자료를 제공하는 것이며, 모바일 환경에서도 쉽게 접근하고 활용할 수 있도록 사용자 친화성과 편의성을 확보하는 것입니다.

04

온세대 예배의 경험이 소중하다

요즘 온세대(세대 통합) 예배를 드리는 교회가 많습니다. 교회학교를 따로 운영하기 힘들 만큼 아이들 숫자가 줄어든 교회에서 온세대 예배를 많이 드립니다. 그러나 온세대 예배는 어쩔 수 없는 상황에서 드리는 것이 아니라, 분명한 목회 철학을 가지고 철저히 준비해서 드려야 합니다. 가족 구성원이 한 공간에 모여 예배드리는 신앙의 경험은 부모와 자녀 모두에게 소중합니다. 부모와 자녀가 함께 예배를 드리는 가운데 양쪽 모두 그리스도 예수에게까지 신앙이 자라야 합니다.

온세대 예배는 부모가 자녀들과 함께하는 예배이고, 더 나아가 조부모-부모-자녀 3세대가 함께하는 예배입니다. 온세대 예배 참여자와 시간, 순서 등은 교회의 상황과 환경에 따라 정하면 됩니다.

참여자의 경우, 영 · 유아부터 참여할 수도 있고, 초등학생이나 중학생부터 참여할 수도 있습니다. 예배 시간은 주일 오전 예배가 될 수도 있고, 주일 오후 예배가 될 수도 있고, 매달 첫째 주일에만 혹은 절기 예배에만 할 수도 있습니다. 금요예배나 월삭 새벽기도를 활용할 수도 있습니다. 예배 순서는 자녀들이 성인 예배 전체에 참여할 수도 있고, 설교 전에 교육부 목회자가 자녀들을 위한 설교를 넣을 수도 있고, 찬양 순서까지 같이하다가 설교 전에 자녀들에게 축복송을 하고 교육부서 예배로 보낼 수도 있습니다. 중요한 것은 부모 세대와 자녀 세대가 함께 예배드리는 신앙적 경험입니다.

온세대 예배 가운데 자녀들이 주체적으로 참여하기 위해 헌신예배의 개념을 도입할 필요가 있습니다. 정기적으로 유치부 헌신예배, 아동부 헌신예배, 중·고등부 헌신예배, 청년부 헌신예배를 두어 자녀들이 예배 순서에 주도적으로 참여하게 하는 것입니다. 유치부 자녀들은 특송으로 참여할 수 있고, 아동부와 중 · 고등부, 청년부는 특송 외에도 예배 인도, 대표 기도, 성경봉독, 헌금 위원 등으로 참여할 수 있습니다.

온세대 예배에서는 부모와 자녀가 함께 앉는 것이 일반적이고, 자녀 나이대별 구역으로 이루어졌다면 구역 가족들과 함께 앉을 수 있습니다. 또한 같은 예배 공간에 있지만, 부모 세대는 부모 세대끼리, 자녀 세대는 교육부서별로 앉을 수 있습니다.

온세대 예배를 통해 교육적인 효과를 얻으려면 주중에 부모 세대와 자녀 세대가 신앙적인 교류를 갖는 것이 좋습니다. 주중에 부모 세대와 자녀 세대 사이에 신앙적인 교류가 이루어지지 않고 주일에만 진행되는 온세대 예배는 이벤트로 끝날 가능성이 높습니다.

◆ **온세대 예배 기획안과 운영 옵션**

온세대 예배 기획 내용	옵션
온세대 예배 참여 가능 연령	옵션 1) 영·유아부터 옵션 2) 초등학생부터 옵션 3) 중학생부터
온세대 예배 시간	옵션 1) 매주 주일 오전 예배 옵션 2) 매주 주일 오후 예배 옵션 3) 매달 첫째 주일 오전 예배 옵션 4) 절기 예배 옵션 5) 매주 금요예배 옵션 6) 월삭 새벽기도
온세대 예배 순서 & 자녀 참여	옵션 1) 일반 성인 예배 순서 그대로 / 예배 시작부터 끝까지 다 함께 옵션 2) 일반 성인 예배 순서 그대로, 다만 어른 설교 전에 교육부 목회자를 통한 교육부 설교 / 예배 시작부터 끝까지 다 함께 옵션 3) 부모와 함께 찬양-교육부 목회자를 통한 교육부 설교-축복송 참여 후 자녀들은 교육부서로 이동 옵션 4) 부모와 함께 찬양-축복송 참여 후 자녀들은 교육부서로 이동

자녀 세대 참여	유치부 헌신예배: 특송 참여 아동부 헌신예배: 예배 순서 담당, 특송 참여 중·고등부 헌신예배: 예배 순서 담당, 특송 참여 청년부 헌신예배: 예배 순서 담당, 특송 참여
온세대 예배 자리 배치	옵션 1) 부모와 자녀가 함께 앉는 자리 배치 옵션 2) 구역 가족들과 함께 앉는 자리 배치 옵션 3) 부모 세대는 부모 세대끼리, 자녀 세대는 교육부서별로 앉는 자리 배치

05

부담 없이 드릴 수 있는 가정예배 매뉴얼

주중에 할 수 있는 가장 기본적이고 중요한 신앙 교육은 바로 가정예배입니다. 그래서 많은 교회가 '어떻게 하면 가정 안에서 가정예배를 드리게 할 것인지'를 고심하고, 가정예배 매뉴얼을 만들기 위해 노력합니다. 어떤 교회는 목회자들이 모여서 매주 가정예배지를 만들어 각 가정에 보급하고, 가정예배학교를 통해 부모들이 가정 안에서 신앙의 교사로서 가정예배를 인도하도록 돕습니다. 그럼에도 불구하고 각 가정에서 가정예배를 매일 드리는 것은 쉽지 않습니다. 아직도 많은 부모는 가정예배 드리는 것을 부담스러워합니다. 부모들은 왜 가정예배를 부담스러워하는지 제가 직접 부모들을 만나 물어보았습니다. 그 이유를 몇 가지로 정리해 보았습니다.

첫째, 가정예배지는 주일예배 순서를 약간 축소하는 형태라 시간이 어느 정도 확보되어야 진행할 수 있다는 것입니다. 어린 자녀인 경우는 가족이 한자리에 모여 시간을 보내는 일이 어렵지 않습니다. 하지만 자녀가 학령기가 되고 사춘기로 넘어가면 오히려 자녀들이 부모보다 더 바빠지는 역전 현상이 일어납니다. 가족이 같이 식사하는 것조차 쉽지 않은 상황이 되는 것입니다.

둘째, 가정예배지에 설교문을 간단히 넣어서 부모가 읽기만 해도 예배가 이뤄지도록 하는데, 그랬을 때 자녀들은 흥미를 잃는다는 것입니다. 부모가 딱딱하게 읽어 주는 예배 설교에 자녀들은 재미있어하지도 않고 당연히 적극적으로 참여하지도 않습니다.

셋째, 가정예배를 부모가 인도해야 한다는 부담감이 있다는 것입니다. 부모들은 당연히 부모가 가정예배를 인도해야 한다고 생각합니다. 교회 주일예배에서 목회자나 신앙의 연륜이 있는 사람들이 예배를 인도하고 봉사하기 때문에, 예배 인도에 대한 부담감을 느끼는 것입니다.

넷째, 가정예배를 드리다가 자녀들과 갈등하기가 쉽다는 것입니다. 아이들이 가정예배를 드릴 때 소극적이거나 심지어 몸을 배배 꼬며 졸고 있으면 부모는 화가 나서 잔소리를 하게 됩니다. 그러다 마침내 갈등하고 싸움으로 번지게 되는 겁니다.

가정예배에 대해 부모들이 부담감을 가진다면, 자녀들은 가정예배에 대해 어떻게 생각할까요? 제가 몇몇 교회의 중·고등부 학생들을 만나서 조사해 보았습니다. 이 학생들은 매주 교회에 나오고 교회 중·고등부에서 임원을 맡고 있는, 그래도 신실한 학생들이었습니다.

이 학생들의 대다수는 한때 가정예배를 드렸으나 지금은 드리지 않는다고 답변했습니다. 가정예배에 대해서는 재미없다, 형식적이다, 부모님이 강요하니까 억지로 앉아 있었다고 대답했습니다. 그렇다 보니 지속적이기 어려웠다고 했습니다. 주로 언제 가정예배를 드리느냐는 질문에는 주로 잠들기 전인 밤이라고 대답했습니다. 그렇다 보니 졸립고 빨리 끝나기만을 바라게 된다고 했습니다. 어떤 학생은 부모님한테 잔소리를 듣는 시간이 되어서 가정예배가 재미없다고 했습니다.

제가 친하게 지내는 어느 분은 가정예배에 대해 트라우마를 가지고 있습니다. 매우 보수적인 기독교 집안에서 성장한 이분은 매일 밤 가정예배를 드렸는데, 가정예배 시간을 무서운 부모로부터 잔소리를 듣는 시간으로 기억했습니다. "오늘 잘못한 것이 무엇인지 말해 봐라" "하나님께서는 부모님을 공경하라고 했는데, 오늘 부모님 말씀을 잘 듣지 않았던 것이 무엇인지 말하고 회개해라" 등 계속 무서운 잔소리를 들었다는 겁니다. 그런 탓에 이분은 결혼해서 아름다운 기독교 가정을 이루었음에도 가정예배를 드리지 않는다고 했습니다.

부모와 자녀를 인터뷰한 뒤 저는 소수가 아닌 다수가 가정예배를 부담 없이 드릴 수 있는 방법에 대해 고민해 보았습니다.

(1) 가정예배의 분위기를 축제로 만듭니다. 자녀들과 함께하는 가정예배는 축제가 되어야 합니다. 엄마 아빠는 밝게 웃

으면서 가정예배의 이미지를 밝게 만들어야 합니다. 그리고 자녀들이 기쁘게 가정예배에 참여할 수 있는 분위기를 조성해야 합니다.

(2) 가정예배를 평화가 흐르는 시간으로 만듭니다. 가정예배 시간은 부모와 자녀가 하나님 앞에 서 있는 시간입니다. 에베소서 2장 14절은 "그는 우리의 화평이신지라 둘로 하나를 만드사 원수 된 것 곧 중간에 막힌 담을 자기 육체로 허시고"라고 말씀합니다. 하나님께서 계신 곳에는 평화가 있습니다. 부모와 자녀 사이에 참 평화가 흐르는 시간이 가정예배 시간이어야 합니다. 그러므로 부모는 가정예배 시간에 자녀에게 잔소리를 해선 안 됩니다. 대신에 간절히 예배드리는 모범을 보여 주어야 합니다.

(3) 가정예배 시간을 짧게 하되 최선을 다해 예배드립니다. 가정예배 시간이 길어지면 매일 지속하기가 어렵습니다. 요즘 학생들은 정말 바쁩니다. 아침에 일어나 학교로, 학원으로, 심지어 스터디카페로 다니며 공부하고 집에 돌아오면 이미 밤입니다. 새벽일 때도 있습니다. 현실적으로 가정예배 시간은 길 수가 없습니다. 그러므로 10분 정도로 짧게 드리되, 그 시간만큼은 모든 가족 구성원이 최선을 다해 집중해서 예배를 드려야 합니다. 요즘 우리 자녀들은 쇼츠, 릴스에 익숙해 있습니다. 짧은 영상 안에 중요한 내용을 임

팩트 있게 다 넣습니다. 중요한 것은 시간의 양이 아니라 시간의 질입니다. 10분의 예배 시간을 최고로 의미 있는 시간으로 만들어야 합니다.

(4) 가족 구성원 모두가 '예배의 정의'를 함께 읽고 예배를 시작합니다. 예배의 정의가 무엇인지 예배자들은 알아야 합니다. 가정예배도 엄연한 예배입니다. 그래서 예배의 정의를 가족 구성원이 정확히 알고 예배를 드리는 것이 중요합니다. 예배 교육을 연구하는 전문가로서 저는 예배를 이렇게 정의합니다.

"성부 하나님께서 나를 만들어 주신 창조의 은혜와 성자 예수님께서 나의 모든 죄를 다 씻어 주신 구원의 은혜와 성령 하나님께서 나의 주인이 되어 주셔서 나를 지키시고 인도해 주시고 도와주시는 은혜에 감격해서 삼위일체 하나님께 간절히 올려드리는 감사와 찬양과 경배와 영광의 의식입니다."

(5) 예배 순서를 하나씩만 해도 됩니다. 주일 예배 순서를 그대로 따르면 시간이 길어질 수밖에 없습니다. 예배 순서 중 매일 하나씩만 하되 요일별로 예배를 기획한 예는 다음과 같습니다.

- 월요일(찬양): 매주 가족 구성원 중 한 명씩 돌아가면서 자신이 좋아하는 찬양을 선곡한 뒤 좋아하는 이유를 설명하고, 가사를 읽고, 함께 찬양 드리는 가정예배
- 화요일(기도): 가족 구성원이 돌아가면서 자신의 기도 제목을 내어놓고, 합심해서 기도하는 가정예배
- 수요일(말씀): 가족 구성원이 성경 2장을 돌아가면서 한 구절씩 읽으면서 진행하는 가정예배
- 목요일(중보기도): 가족 구성원이 세계, 국가, 교회, 선교지 등을 위해 함께 합심해서 중보기도하는 가정예배
- 금요일(말씀 암송): 가족 구성원이 말씀 암송 카드를 가지고 몇 번 같이 읽고 암송하면서 진행하는 가정예배
- 토요일(감사&헌금): 가족 구성원이 한 주간 하나님께서 베풀어 주신 감사의 내용을 나누고, 각자 헌금하는 가정예배. 이 헌금이 모이면 가족이 상의해서 구제헌금, 선교헌금, 후원헌금으로 사용
- 주일(영상): 매주 가족 구성원 중 한 명씩 돌아가면서 각자 좋은 기독교 영상이라고 생각되는 짧은 영상을 찾아서 같이 시청하는 가정예배

(6) 가정예배 시간을 마무리할 때는 부모와 자녀가 함께 축복송을 합니다. 하나님의 이름으로 부모와 자녀가 축복하는 가정은 정말 행복한 가정입니다. 자녀는 부모가 자신을 축복할 때 위로와 평안을 얻을뿐더러 삶 속에서 겪는 어려움

을 이기는 힘을 얻게 됩니다.

(7) 가정예배 시간은 자녀가 원하는 시간으로 합니다. 대부분의 가정에서 가정예배는 주로 밤에 잠자기 직전에 합니다. 그러나 학업으로 피곤한 자녀들에게 밤 시간은 집중하기가 어렵습니다. 그러면 형식적인 예배가 되기 쉽습니다. 그러므로 예를 들어 자녀가 잠시 집에 왔다가 학원에 가기 전이나 아침 일찍 등교 전과 같이 자녀가 원하는 시간이 있다면 그때 가정예배를 드리는 것이 방법입니다.

(8) 가정예배 진행은 부모와 자녀가 돌아가면서 합니다. 앞서 (5)의 요일별 가정예배를 진행한다면 자녀도 충분히 진행할 수 있습니다. 자녀도 가정예배를 인도할 수 있도록 권한을 주면 더 책임감을 가지고 가정예배에 임할 것입니다.

(9) 모든 공간이 예배드리는 공간임을 믿습니다. 모든 공간에서 하나님을 예배할 수 있습니다. 시편 150편 1절에서 "할렐루야 그의 성소에서 하나님을 찬양하며 그의 권능의 궁창에서 그를 찬양할지어다"라 했듯이, 교회는 물론 하나님께서 만드신 하늘과 땅 그 어디에서나 하나님을 찬양하며 예배드릴 수 있습니다. 그러므로 집 안은 물론이고 야외에 나가서 가정예배를 드릴 수 있습니다.

(10) 가정예배 시간에 영상을 활용할 수 있습니다. 요즘 교회에서도 예배 시간에 다양한 영상을 활용합니다. 찬양 가사를 띄울 때도 가사의 내용에 맞는 영상을 사용하고, 설교 시간에도 주제에 맞는 적절한 영상을 사용합니다. 가정예배 때도 영상을 적절하게 활용할 수 있습니다. 찬양 부를 때 유튜브 영상 반주를 틀어 놓고 함께 부를 수도 있고, 주일에는 신앙에 유익이 되는 영상을 가족 구성원이 함께 시청하는 시간으로 마련할 수 있습니다.

매일 같은 내용으로 가정예배를 드리고 싶어 하는 분도 있을 수 있습니다. 그런 분들을 위해 두 가지 정도를 제안합니다. 첫째는 예배의 가장 중요한 순서인 기도와 찬양과 말씀을 차례로 하는 것입니다. 가족 구성원 중 한 명이 대표로 기도하고, 가족 구성원 모두가 함께 찬양을 부르고, 1~2장의 성경 말씀을 읽는 것입니다. 그런 다음 주기도문으로 마무리합니다.

둘째는 성경 암송 카드를 활용하는 것입니다. 매일 성경 암송 카드를 돌아가면서 2~3회 읽고 묵상한 다음 다 같이 암송하는 것입니다. 중요한 것은 예배의 의미가 무엇인지를 알고 가정예배를 드리는 것입니다.

많은 가정이 가정예배에 참여하게 하기 위해서는 이벤트가 필요할 수 있습니다. 가령, 가정예배 드리는 인증 사진을 교회에 보내면 그것을 편집해서 매주 주일 오전 예배 광고 시간에 보여 준다든지, 인증 사진을 보낸 가정 중에 매주 추첨을 통해 선물을 준다든지 하는 것입니다. 이뿐만 아니라 분기별로 가정예배를 잘 드리는 가정을 선정해 주일 오후 예배 때 가정예배 시연을 할 수도 있습니다. 이러한 이벤트를 통해 자극과 도전을 받아서 더 많은 가정이 가정예배를 드리도록 유도할 수 있습니다.

06

온 가족 부흥회는 가정을 다시 세운다

부흥회는 대개 어른 성도를 대상으로 진행됩니다. 그러나 부모 세대뿐만 아니라 우리의 자녀 세대들에게도 부흥회는 절실히 필요합니다. 그래서 여름방학이나 겨울방학 기간에 온 가족 부흥회를 기획하고 개최할 수 있어야 합니다. 저는 온 가족 부흥회를 많이 인도하는데, 회중석에 가족 단위로 앉아 있는 모습을 보면 그냥 감동되고, 우리 하나님께서 얼마나 기뻐하실까를 생각하게 됩니다.

많은 교회가 온 가족 부흥회를 하고 싶으나 부담스러워하는 이유는 모든 연령대에 맞춘 설교를 할 수 있을까 걱정이 되고, 무엇보다 어린 자녀들이 집중력을 가지고 오래 앉아 있을 수 있겠느냐는 우려 때문입니다. 온 가족 부흥회를 여러 번 인도해 본 사람으로서 온 가족 부흥회를 위한 몇 가지 팁을 드리면 다음과 같습니다.

첫째, 찬양 선곡은 자녀 세대의 눈높이에 맞추어야 합니다. 온 가족 부흥회는 새벽이나 오전에 하기 힘들므로 저녁에 해야 하는데, 월요일~수요일 혹은 목요일~토요일 이렇게 3일간 진행하게 됩니다. 첫째 날에는 유치부와 아동부가 주로 부르는 찬양으로 선곡하고, 둘째 날은 청소년부에서 주로 부르는 찬양으로 선곡하며, 셋째 날은 청년들이 주로 부르는 찬양으로 선곡합니다.

찬양은 가사가 중요합니다. 어느 연령대가 주로 부르냐와 상관없이 찬양은 하나님을 높이는 것입니다. 음악의 장르나 형식은 나이대별로 다르겠지만, 가사는 공통적으로 하나님을 높이는 것이기에 누구나 불러도 좋은 것이 찬양입니다. 부모 세대는 어린 자녀 세대들이 부르는 찬양을 함께 부르면서 그들과 교통하는 경험을 할 수 있습니다.

둘째, 부흥회 순서 중에 자녀들을 참여시켜야 합니다. 예배 인도, 대표 기도, 성경 봉독과 같은 집회 순서를 자녀 세대에 맡겨서 그들이 주체적으로 부흥회에 참여하게 해야 합니다. 봉헌 시간에는 부서별로 특송을 하면 좋습니다. 예를 들어, 첫째 날에는 유치부가 특송을 하고, 둘째 날에는 아동부가, 셋째 날에는 청소년부가 특송을 하는 것입니다. 자녀 세대는 평소에는 매우 수동적으로 보이지만, 막상 중요한 역할을 맡기고 책임을 부여하면 매우 능동적으로 바뀌는 것을 볼 수 있습니다.

셋째, 설교의 주제와 내용은 주로 성경의 인물로 하라는 것입니다. 온 세대 부흥회에서 성경의 인물을 가지고 설교를 하는 것이 제 경험상 좋았습니다. 성경 인물의 생애를 가지고 설교할 때 어린아이부터 노년에 이르기까지 전 세대를 아우를 수 있습니다. 3일간 부흥회를 기획한다면, 하루에 한 명의 생애를 다뤄서 사흘 동안 총 세 명의 인물을 가지고 설교해도 괜찮고, 한 명의 생애를 세 번에 걸쳐서 설교해도 괜찮습니다. 설교자는 본문의 주인공인 성경 인물로 분장하면 더 좋습니다. 또한 설교자가 서 있는 강단이나 무대를 성경 인물이 활동했을 때의 배경으로 꾸미면 자녀 세대의 흥미를 유발할 수 있고, 입체적인 설교가 될 수 있습니다. 성경 인물편 설교의 제목과 본문은 다음과 같습니다.

◆ **온 세대 부흥회 성경 인물편 설교 예시**

성경의 인물 예시	제목	본문
아브라함	믿음의 결단	창세기 12장
이삭	평화의 실천	창세기 26장
야곱	하나님께 매달리기	창세기 32장
요셉	생명을 살리시는 하나님의 꿈	창세기 50장
모세	하나님의 부르심	출애굽기 3장
여호수아	강하고 담대한 신앙	여호수아 1장
기드온	하나님의 선택	사사기 6장
드보라	승리를 주시는 하나님	사사기 4장
삼손	유혹이 다가올 때	사사기 16장
사무엘	하나님의 음성을 듣는 신앙인	사무엘상 3장
사울	순종이 제사보다 낫다	사무엘상 15장
다윗	오직 하나님만 의지하기	사무엘상 17장
솔로몬	하나님의 뜻에 합당한 기도	열왕기상 3장
히스기야	구원의 손길을 베푸시는 하나님	열왕기하 19장
요시야	하나님의 말씀으로 회복하라	열왕기하 22장
엘리야	하나님만 섬기라	열왕기상 18장

엘리사	은혜를 구하라	열왕기하 2장
에스라	말씀을 사모하라	에스라 7장
느헤미야	참된 헌신	느헤미야 5장
에스더	역전의 하나님	에스더 9장
욥	신앙의 성숙	욥기 42장
이사야	주여! 내가 여기 있나이다	이사야 6장
예레미야	회개하라!	예레미야 3장
에스겔	새롭게 하시는 하나님	에스겔 37장
다니엘	하나님을 경외하는 삶	다니엘 1, 6장
호세아	여호와께 돌아가자!	호세아 6장
요엘	성령의 역사	요엘 2장
아모스	정의의 하나님	아모스 5장
요나	은혜 베푸시는 하나님	요나서 4장
학개	하나님의 성전을 사모하라	학개 1장
말라기	하나님께서 기뻐하시는 헌금	말라기 3장
세례 요한	하나님께서 기뻐하시는 겸손	마태복음 3장
마리아	하나님의 뜻에 순종하는 삶	누가복음 1장
예수님	예수님의 삶과 사역	누가복음 5장
베드로	다시 기회를 주시는 하나님	요한복음 21장
삭개오	변화된 삶	누가복음 19장
스데반	순교의 신앙	사도행전 7장
바울	복음의 열정	빌립보서 3장
바나바	착한 신앙인	사도행전 11장

넷째, 설교의 눈높이는 청소년층에 맞추어야 합니다. 설교자는 어느 연령대의 눈높이에 맞춰 설교할 것인가가 고민스럽습니다. 모든 연령대의 부흥회를 인도해 본 저의 경험상 청소년층에 맞춘 설교가 평균적이어서 가장 알맞았습니다. 유치부와 아동부

아이들의 눈높이에 맞춰서 설교하면 청소년 이상의 연령대가 쉽다고 느끼고, 반면에 어른들의 눈높이에 맞춰서 설교하면 자녀세대들이 어렵게 느낍니다. 그런데 설교는 하나님의 말씀입니다. 쉬운 설교가 있고, 어려운 설교가 있는 것이 아닙니다. 설교의 내용은 하나님의 말씀이기에 어떤 대상의 눈높이에 맞춰 설교하든지 청중은 집중해서 들을 수 있어야 합니다.

다섯째, 이벤트를 마련하라는 것입니다. 부흥회 3일을 다 참석한 가족에게는 식사권이나 상품권을 주는 것입니다. 한편, 매일 저녁 부흥회를 마치고 나면 교회 식당에서 가족끼리 앉아서 야식을 먹는 이벤트를 마련할 수도 있습니다.

07

자녀에게 기도의 유산을 전수하라

어린 시절 아버지가 저에게 주신 최고의 선물은 바로 기도였습니다. 아버지는 밤에 잘 때 제 머리에 손을 얹고 기도해 주셨습니다. 시험 보러 갈 때도 힘든 일이 있을 때도 기도해 주셨습니다. 그 기도로 인해 제가 만들어졌다고 말할 수 있습니다. 아버지의 기도를 본받아 지금 저는 제 딸이 자기 전에 매일 밤 기도해 줍니다. 부모의 기도를 받고 자란 자녀는 잘될 수밖에 없습니다. 어른이 되어도 어린 시절에 부모님이 나를 위해 기도해 주시던 모습은 절대 잊을 수 없습니다. 그 기억은 신앙의 추억이면서 어른이 된 뒤에도 신앙생활을 잘할 수 있도록 인도합니다. 또한 아버지의 기도를 받은 제가 똑같이 제 딸을 기도해 주는 것처럼, 신앙의 유산이 대를 이어 흘러가게 됩니다.

온 가족 기도회는 매주 금요일이나 매달 첫째 주 금요일 혹은 마지막째 주 금요일에 하면 좋습니다. 기도회 순서는 다 같이 찬양을 한 뒤 기도와 관련된 말씀으로 설교를 듣고 가족 공통의 기도 제목을 가지고 기도합니다. 그런 다음 가족끼리 기도하는 시간을 가집니다. 그 시간에는 먼저 부모가 자녀에게 기도 제목을 이야기하면 자녀가 부모를 위해 기도하고, 그다음 자녀가 부모에게 기도 제목을 이야기하면 부모가 자녀를 위해 간절히 기도하는 것입니다.

야곱이 요셉의 아들 에브라임과 므낫세의 머리에 손을 얹고 기도했듯이, 부모가 자녀의 머리에 손을 얹고 기도해 주는 신앙적 경험, 자녀가 부모의 기도를 받는 신앙적 경험은 매우 중요합니다. 교육적인 측면에서도 이것은 상징 교육으로서 중요한 의미가 있습니다. 기도할 때 자녀의 머리에 손을 얹는 것은 부모가 나를 사랑하므로, 누구보다 내가 잘되기를 간절히 원하는 것임을 보여주기에 자녀의 기억 속에서 오래도록 잊히지 않습니다.

자녀가 평생 기억할 세례식을 진행하라

기독교 신앙에서 세례는 그 의미하는 바가 큽니다. 우리는 세례식을 통해 예수 그리스도로 인해 내 죄가 깨끗해졌다는 것을 고백하게 됩니다. 그리고 세례식으로 우리가 하나님의 자녀가 되었다는 것과 그 사실을 믿는다는 것을 온 회중 앞에서 고백하게 됩니다. 목회자는 세례받는 자가 예수 그리스도 안에서 다시 태어났음을 선포하게 됩니다. 세례는 구원자 예수 그리스도를 통해서 영원한 생명을 얻었다는 공적인 선포가 이루어지는 가장 기쁜 날입니다.

엄마 아빠의 신앙 고백으로 아기가 유아세례를 받은 경우, 그 아기가 성장하면 자신의 입술로 예수님을 자신의 구원자로 고백하는 입교식을 행하게 됩니다. 입교도 세례와 동일한 의미를 가집니다. 이렇듯 세례식과 입교식은 영적 생일과 같은 날로 평생토록 잊을 수가 없습니다.

침례교는 우리가 죄 씻음을 얻고 다시 태어난다는 의미에서 온몸을 물속에 담갔다 나오는 침례를 행합니다. 이 침례식은 엄청난 감동을 경험하게 합니다. 많은 교단에서는 침례 대신에 약식으로 물을 머리에 끼얹고 기도하는 세례식을 갖습니다. 이 경우 세례를 받는 자녀가 그 의미를 정확히 알고 평생 기억에 남을 수 있도록 목회자는 물을 충분히 끼얹어서 세례를 집례할 필요가 있습니다.

이때 부모는 세례나 입교를 받는 자녀와 함께 나와서 뜨겁게 기도하면 좋습니다. 또는 부모가 사랑의 마음을 가지고 예수님처럼 자녀의 발을 씻어 주는 세족식을 하거나 미리 써 온 편지를 읽어 주는 이벤트를 갖는 것도 좋습니다. 세례나 입교를 받는 자녀가 신앙 고백을 간증을 통해 회중 앞에서 하면 그 은혜가 더 클 것입니다.

세례 및 입교식을 마치고 나면 축하 이벤트를 갖습니다. 부모가 준비한 선물, 3355세대 구역에서 준비한 선물, 교육부에서 준비한 선물, 목회자들이 준비한 선물 등을 주면서 자녀들의 인생에서 가장 기쁜 날, 가장 기억에 남는 날로 만드는 것입니다. 성도 중 사진을 잘 찍는 분이 있다면 가족사진을 찍고 인화해서 액자에 담아 선물로 주는 것도 의미 있는 이벤트가 될 것입니다. 이뿐 아니라 가족 전체가 참여하는 축하의 만찬 자리를 마련할 수도 있습니다.

세례 및 입교식은 자녀에게 평생 기억에 남는 신앙의 사건이자, 믿음의 핵심을 담은 상징 교육이 될 수 있습니다. 이렇게 세례 및 입교식을 진행하면, 자녀는 예수 그리스도로 인해 죄 씻음을 얻었다는 사실과 자신이 하나님의 자녀라는 사실을 의심하지 않을 것입니다.

가족 캠핑은 가족 간의 친밀도를 높인다

캠핑 채널은 요즘 우리 아이들이 유튜브에서 즐겨 찾는 콘텐츠 중 하나입니다. 학교와 학원, 독서실, 집을 쳇바퀴 돌듯 살아가는 아이들이 캠핑 채널을 통해 대리 만족을 하고 있는 것입니다.

이러한 때 교회가 우리 아이들의 욕구를 충족시키는 한편, 가족 간의 친밀도를 높이기 위해 가족 캠핑을 준비하면 좋습니다. 캠핑장에 가면 좋겠지만 비용이 만만치 않으므로 교회에서 캠핑을 하는 것입니다. 장의자와 책상 등을 치우고, 교회 공간에서 텐트를 친 뒤 금요일 저녁에 시작해서 토요일 오후까지 진행하면 됩니다. 텐트는 가족별로 가져와도 되고 교회에서 일괄 렌트해도 됩니다.

가족 캠핑에는 가족 전체가 모이는 프로그램과 원하는 가족만 참여하는 프로그램이 균형 있게 배정되어야 합니다. 어떤 가족은 가족끼리 오붓하게 시간을 갖고 싶어 할 수 있기 때문에 원하는 가족만 참여하는 옵션형 프로그램을 넣어야 합니다.

가족 전체가 모이는 프로그램은 네 가지 정도로, 오리엔테이션과 금요일 저녁 식사와 토요일 오후 식사 그리고 맨 마지막에 진행하는 소감 발표가 있습니다. 오리엔테이션에서는 다른 가족에게 자신의 가족을 소개하는 시간을 갖습니다(우가소).

다음에 제시된 '우가소' 질문지 예시(168쪽)를 참고하여, 다른 가족에게 우리 가족을 소개해 보십시오. 각 가족은 함께 상의해 질문에 따라 내용을 기록한 뒤 앞으로 나와 발표하면 되며, 각자의 개성을 살려 자유롭고 재미있게 진행하면 됩니다.

금요일 저녁 식사는 교회 앞마당에서 바비큐 파티를 하고, 토요일 오후 식사는 가족별로 게임을 해서 교회에서 미리 준비한 재료들을 하나씩 선택해서 요리를 하는 요리 콘테스트로 진행하면 즐겁습니다. 그리고 캠핑 마지막 시간에 다 같이 모여 각자 캠핑에 참여한 소감을 나누는 시간을 갖습니다.

나머지 시간은 가족별로 휴식을 취해도 되고 대화를 나누거나 보드게임을 해도 됩니다. 한편, 원하는 가족만 참여하는 프로그램을 교회 본당에서 진행합니다. 엄마 아빠와 함께하는 즐거운 레크리에이션을 진행해도 좋고 영화 시청을 해도 좋습니다.

우가소(우리 가족을 소개합니다)

1. 우리 가족의 구성원을 소개해 봅니다.
   (예) 아빠, 엄마, 아들, 딸 등등

2. 우리 가족의 닉네임을 정해 봅니다.
   (예) 백곰 가족, 스누피 가족 등등

3. 우리 가족만의 사랑의 인사법을 만들어 봅니다.
   (예) 포랑해, 오랑해, 랑랑해

4. 우리 가족이 공통적으로 좋아하는 음식을 써 봅니다.
   (예) 비빔밥, 탕수육 등등

5. 우리 가족이 놀러 간 곳 중에 제일 좋았던 곳을 기록해 봅니다.
   (예) 한라산 정상, 발리 해변, 갈릴리 호수

6. 우리 가족이 제일 좋아하는 성경 구절을 써 봅니다.
   (예) 데살로니가전서 5장 16-18절

7. 우리 가족이 제일 자주 부르는 찬송가를 선정해 봅니다.
   (예) 384장 나의 갈 길 다가도록

8. 우리 가족의 가훈을 써 봅니다.
   (예) 예수님을 기쁘시게 하라

9. 우리 가족의 기도 제목을 나눠 봅니다.
   (예) 가족 건강

10. 이번 가족 캠핑의 목표를 써 봅니다.
    (예) 가족 구성원들이 마음속에 있는 솔직한 이야기를 꺼내고 나누는 것

◆ 가족 캠핑 시간 테이블 예시

시간	금요일	시간	토요일
18:00-19:00	우가소 (우리 가족을 소개합니다!!)	08:00-10:00	기상 및 세면, 가족별 말씀 묵상, 간단한 아침 식사
19:00-21:00	바비큐 파티	10:00-12:00	엄마 아빠와 함께하는 즐거운 레크리에이션 (옵션)
21:00-23:00	가족 간의 행복 Time	12:00-14:00	요리 콘테스트
23:00-	자유롭게 꿈나라로	14:00-16:00	가족 영화 시청(옵션)
		16:00-17:00	가족 캠핑 참여 소감 나누기 & 폐회

가족 캠핑은 가족 간의 친밀감을 쌓을 수 있는 좋은 기회이며 가족에게 좋은 추억을 선물할 것입니다. 가족 캠핑은 신앙적인 내용이 거의 들어가지 않기 때문에 전도 대상자 가족을 초청할 수 있습니다. 이를 계기로 불신자 가족이 교회에 관심을 가지고 출석하게 될 수 있습니다.

33

55

3부

3355세대를 위한 성경구절 가이드

01

30대의 관심 주제에 따른 성경구절

정체성

“하나님이 자기 형상 곧 하나님의 형상대로 사람을 창조하시되 남자와 여자를 창조하시고”(창 1:27)

“너희는 강하고 담대하라 두려워하지 말라 그들 앞에서 떨지 말라 이는 네 하나님 여호와 그가 너와 함께 가시며 결코 너를 떠나지 아니하시며 버리지 아니하실 것임이라 하고”(신 31:6)

“주께서 내 내장을 지으시며 나의 모태에서 나를 만드셨나이다 내가 주께 감사하옴은 나를 지으심이 심히 기묘하심이라 주께서 하시는 일이 기이함을 내 영혼이 잘 아나이다”(시 139:13-14)

“야곱아 너를 창조하신 여호와께서 지금 말씀하시느니라 이스라엘아 너를 지으신 이가 말씀하시느니라 너는 두려워하지 말라 내가 너를 구속하였고 내가 너를 지명하여 불렀나니 너는 내 것이라"(사 43:1)

"내가 너를 내 손바닥에 새겼고 너의 성벽이 항상 내 앞에 있나니"(사 49:16)

"하나님이 세상을 이처럼 사랑하사 독생자를 주셨으니 이는 그를 믿는 자마다 멸망하지 않고 영생을 얻게 하려 하심이라"(요 3:16)

"우리가 아직 죄인 되었을 때에 그리스도께서 우리를 위하여 죽으심으로 하나님께서 우리에 대한 자기의 사랑을 확증하셨느니라"(롬 5:8)

"우리는 그가 만드신 바라 그리스도 예수 안에서 선한 일을 위하여 지으심을 받은 자니 이 일은 하나님이 전에 예비하사 우리로 그 가운데서 행하게 하려 하심이니라"(엡 2:10)

"그러나 너희는 택하신 족속이요 왕 같은 제사장들이요 거룩한 나라요 그의 소유가 된 백성이니 이는 너희를 어두운 데서 불러 내어 그의 기이한 빛에 들어가게 하신 이의 아름다운 덕을 선포하게 하려 하심이라"(벧전 2:9)

"보라 아버지께서 어떠한 사랑을 우리에게 베푸사 하나님의 자녀라 일컬음을 받게 하셨는가, 우리가 그러하도다 그러므로 세상이 우리를 알지 못함은 그를 알지 못함이라"(요일 3:1)

소명

"이 백성은 내가 나를 위하여 지었나니 나를 찬송하게 하려 함이니라"(사 43:21)

"우리가 알거니와 하나님을 사랑하는 자 곧 그의 뜻대로 부르심을 입은 자들에게는 모든 것이 합력하여 선을 이루느니라"(롬 8:28)

"하나님의 은사와 부르심에는 후회하심이 없느니라"(롬 11:29)

"주 안에서 부르심을 받은 자는 종이라도 주께 속한 자유인이요 또 그와 같이 자유인으로 있을 때에 부르심을 받은 자는 그리스도의 종이니라"(고전 7:22)

"그런즉 너희가 먹든지 마시든지 무엇을 하든지 다 하나님의 영광을 위하여 하라"(고전 10:31)

"그러므로 주 안에서 갇힌 내가 너희를 권하노니 너희가 부르심을 받은 일에 합당하게 행하여 모든 겸손과 온유로 하고 오래 참음으로 사랑 가운데서 서로 용납하고 평안의 매는 줄로 성령이 하나 되게 하신 것을 힘써 지키라"(엡 4:1-3)

"그리스도 예수의 종인 너희에게서 온 에바브라가 너희에게 문안하느니라 그가 항상 너희를 위하여 애써 기도하여 너희로 하나님의 모

든 뜻 가운데서 완전하고 확신 있게 서기를 구하나니"(골 4:12)

"하나님이 우리를 부르심은 부정하게 하심이 아니요 거룩하게 하심이니"(살전 4:7)

"이러므로 우리도 항상 너희를 위하여 기도함은 우리 하나님이 너희를 그 부르심에 합당한 자로 여기시고 모든 선을 기뻐함과 믿음의 역사를 능력으로 이루게 하시고"(살후 1:11)

"하나님이 우리를 구원하사 거룩하신 소명으로 부르심은 우리의 행위대로 하심이 아니요 오직 자기의 뜻과 영원 전부터 그리스도 예수 안에서 우리에게 주신 은혜대로 하심이라"(딤후 1:9)

부부관계

"여호와 하나님이 이르시되 사람이 혼자 사는 것이 좋지 아니하니 내가 그를 위하여 돕는 배필을 지으리라 하시니라"(창 2:18)

"이러므로 남자가 부모를 떠나 그의 아내와 합하여 둘이 한 몸을 이룰지로다"(창 2:24)

"이삭이 리브가를 인도하여 그의 어머니 사라의 장막으로 들이고 그를 맞이하여 아내로 삼고 사랑하였으니 이삭이 그의 어머니를 장례

한 후에 위로를 얻었더라"(창 24:67)

"네 헛된 평생의 모든 날 곧 하나님이 해 아래에서 네게 주신 모든 헛된 날에 네가 사랑하는 아내와 함께 즐겁게 살지어다 그것이 네가 평생에 해 아래에서 수고하고 얻은 네 몫이니라"(전 9:9)

"아내를 얻는 자는 복을 얻고 여호와께 은총을 받는 자니라"(잠 18:22)

"그런즉 이제 둘이 아니요 한 몸이니 그러므로 하나님이 짝지어 주신 것을 사람이 나누지 못할지니라 하시니"(마 19:6)

"남편들아 아내 사랑하기를 그리스도께서 교회를 사랑하시고 그 교회를 위하여 자신을 주심같이 하라"(엡 5:25)

"아내들아 이와 같이 자기 남편에게 순종하라 이는 혹 말씀을 순종하지 않는 자라도 말로 말미암지 않고 그 아내의 행실로 말미암아 구원을 받게 하려 함이니"(벧전 3:1)

"남편들아 이와 같이 지식을 따라 너희 아내와 동거하고 그를 더 연약한 그릇이요 또 생명의 은혜를 함께 이어받을 자로 알아 귀히 여기라 이는 너희 기도가 막히지 아니하게 하려 함이라"(벧전 3:7)

"모든 사람은 결혼을 귀히 여기고 침소를 더럽히지 않게 하라 음행하는 자들과 간음하는 자들을 하나님이 심판하시리라"(히 13:4)

출산 및 육아

"여호와께서 말씀하신 대로 사라를 돌보셨고 여호와께서 말씀하신 대로 사라에게 행하셨으므로 사라가 임신하고 하나님이 말씀하신 시기가 되어 노년의 아브라함에게 아들을 낳으니"(창 21:1-2)

"네 아버지의 하나님께로 말미암나니 그가 너를 도우실 것이요 전능자로 말미암나니 그가 네게 복을 주실 것이라 위로 하늘의 복과 아래로 깊은 샘의 복과 젖먹이는 복과 태의 복이리로다"(창 49:25)

"이 아이를 위하여 내가 기도하였더니 내가 구하여 기도한 바를 여호와께서 내게 허락하신지라"(삼상 1:27)

"주의 대적으로 말미암아 어린아이들과 젖먹이들의 입으로 권능을 세우심이여 이는 원수들과 보복자들을 잠잠하게 하려 하심이니이다"(시 8:2)

"보라 자식들은 여호와의 기업이요 태의 열매는 그의 상급이로다 젊은 자의 자식은 장사의 수중의 화살 같으니"(시 127:3-4)

"네 자식의 자식을 볼지어다 이스라엘에게 평강이 있을지로다"(시 128:6)

"내가 진실로 너희에게 이르노니 누구든지 하나님의 나라를 어린아이와 같이 받들지 않는 자는 결단코 그곳에 들어가지 못하리라 하시고 그 어린아이들을 안고 그들 위에 안수하시고 축복하시니라"(막 10:15-16)

"천사가 그에게 이르되 사가랴여 무서워하지 말라 너의 간구함이 들린지라 네 아내 엘리사벳이 네게 아들을 낳아 주리니 그 이름을 요한이라 하라"(눅 1:13)

"예수께서 그 어린아이들을 불러 가까이하시고 이르시되 어린아이들이 내게 오는 것을 용납하고 금하지 말라 하나님의 나라가 이런 자의 것이니라"(눅 18:16)

"이는 네 속에 거짓이 없는 믿음이 있음을 생각함이라 이 믿음은 먼저 네 외조모 로이스와 네 어머니 유니게 속에 있더니 네 속에도 있는 줄을 확신하노라"(딤후 1:5)

다양한 선택(자녀 계획, 직장 선택 및 이직 등)

"내가 오늘 하늘과 땅을 불러 너희에게 증거를 삼노라 내가 생명과 사망과 복과 저주를 네 앞에 두었은즉 너와 네 자손이 살기 위하여 생명을 택하고"(신 30:19)

"여호와를 경외하는 자 누구냐 그가 택할 길을 그에게 가르치시리로다"(시 25:12)

"오직 위로부터 난 지혜는 첫째 성결하고 다음에 화평하고 관용하고 양순하며 긍휼과 선한 열매가 가득하고 편견과 거짓이 없나니"(약 3:17)

"다니엘은 뜻을 정하여 왕의 음식과 그가 마시는 포도주로 자기를 더럽히지 아니하리라 하고 자기를 더럽히지 아니하도록 환관장에게 구하니"(단 1:8)

"항상 기뻐하라 쉬지 말고 기도하라 범사에 감사하라 이것이 그리스도 예수 안에서 너희를 향하신 하나님의 뜻이니라"(살전 5:16-18)

"청년이여 네 어린 때를 즐거워하며 네 청년의 날들을 마음에 기뻐하여 마음에 원하는 길들과 네 눈이 보는 대로 행하라 그러나 하나님이 이 모든 일로 말미암아 너를 심판하실 줄 알라"(전 11:9)

"너희는 이 세대를 본받지 말고 오직 마음을 새롭게 함으로 변화를 받아 하나님의 선하시고 기뻐하시고 온전하신 뜻이 무엇인지 분별하도록 하라"(롬 12:2)

"스스로 속이지 말라 하나님은 업신여김을 받지 아니하시나니 사람이 무엇으로 심든지 그대로 거두리라"(갈 6:7)

"너희 안에서 행하시는 이는 하나님이시니 자기의 기쁘신 뜻을 위하여 너희에게 소원을 두고 행하게 하시나니"(빌 2:13)

"너희 중에 누구든지 지혜가 부족하거든 모든 사람에게 후히 주시고 꾸짖지 아니하시는 하나님께 구하라 그리하면 주시리라"(약 1:5)

평안과 안정

"그런즉 너희는 이 언약의 말씀을 지켜 행하라 그리하면 너희가 하는 모든 일이 형통하리라"(신 29:9)

"그는 시냇가에 심은 나무가 철을 따라 열매를 맺으며 그 잎사귀가 마르지 아니함 같으니 그가 하는 모든 일이 다 형통하리로다"(시 1:3)

"오직 내 말을 듣는 자는 평안히 살며 재앙의 두려움이 없이 안전하리라"(잠 1:33)

"이는 한 아기가 우리에게 났고 한 아들을 우리에게 주신 바 되었는데 그의 어깨에는 정사를 메었고 그의 이름은 기묘자라, 모사라, 전능하신 하나님이라, 영존하시는 아버지라, 평강의 왕이라 할 것임이

라"(사 9:6)

"공의의 열매는 화평이요 공의의 결과는 영원한 평안과 안전이라"(사 32:17)

"평안을 너희에게 끼치노니 곧 나의 평안을 너희에게 주노라 내가 너희에게 주는 것은 세상이 주는 것과 같지 아니하니라 너희는 마음에 근심하지도 말고 두려워하지도 말라"(요 14:27)

"평강의 하나님께서 속히 사탄을 너희 발 아래에서 상하게 하시리라 우리 주 예수의 은혜가 너희에게 있을지어다"(롬 16:20)

"아무것도 염려하지 말고 다만 모든 일에 기도와 간구로, 너희 구할 것을 감사함으로 하나님께 아뢰라 그리하면 모든 지각에 뛰어난 하나님의 평강이 그리스도 예수 안에서 너희 마음과 생각을 지키시리라"(빌 4:6-7)

"그리스도의 평강이 너희 마음을 주장하게 하라 너희는 평강을 위하여 한 몸으로 부르심을 받았나니 너희는 또한 감사하는 자가 되라"(골 3:15)

"평강의 주께서 친히 때마다 일마다 너희에게 평강을 주시고 주께서 너희 모든 사람과 함께하시기를 원하노라"(살후 3:16)

02

40대의 관심 주제에 따른 성경구절

회사 생활

"간수장은 그의 손에 맡긴 것을 무엇이든지 살펴보지 아니하였으니 이는 여호와께서 요셉과 함께하심이라 여호와께서 그를 범사에 형통하게 하셨더라"(창 39:23)

"브살렐과 오홀리압과 및 마음이 지혜로운 사람 곧 여호와께서 지혜와 총명을 부으사 성소에 쓸 모든 일을 할 줄 알게 하신 자들은 모두 여호와께서 명령하신 대로 할 것이니라"(출 36:1)

"울며 씨를 뿌리러 나가는 자는 반드시 기쁨으로 그 곡식 단을 가지고 돌아오리로다"(시 126:6)

"네가 자기의 일에 능숙한 사람을 보았느냐 이러한 사람은 왕 앞에 설 것이요 천한 자 앞에 서지 아니하리라"(잠 22:29)

"성실하게 행하는 자는 구원을 받을 것이나 굽은 길로 행하는 자는 곧 넘어지리라"(잠 28:18)

"여호와여 주는 나의 하나님이시라 내가 주를 높이고 주의 이름을 찬송하오리니 주는 기사를 옛적에 정하신 뜻대로 성실함과 진실함으로 행하셨음이라"(사 25:1)

"너희는 세상의 소금이니 소금이 만일 그 맛을 잃으면 무엇으로 짜게 하리요 후에는 아무 쓸 데 없어 다만 밖에 버려져 사람에게 밟힐 뿐이니라"(마 5:13)

"종들아 두려워하고 떨며 성실한 마음으로 육체의 상전에게 순종하기를 그리스도께 하듯 하라 눈가림만 하여 사람을 기쁘게 하는 자처럼 하지 말고 그리스도의 종들처럼 마음으로 하나님의 뜻을 행하고 기쁜 마음으로 섬기기를 주께 하듯 하고 사람들에게 하듯 하지 말라"(엡 6:5-7)

"무슨 일을 하든지 마음을 다하여 주께 하듯 하고 사람에게 하듯 하지 말라 이는 기업의 상을 주께 받을 줄 아나니 너희는 주 그리스도를 섬기느니라"(골 3:23-24)

"만일 누가 말하려면 하나님의 말씀을 하는 것같이 하고 누가 봉사하려면 하나님이 공급하시는 힘으로 하는 것같이 하라 이는 범사에 예수 그리스도로 말미암아 하나님이 영광을 받으시게 하려 함이니 그에게 영광과 권능이 세세에 무궁하도록 있느니라 아멘"(벧전 4:11)

인정

"여호와께서 사무엘에게 이르시되 그의 용모와 키를 보지 말라 내가 이미 그를 버렸노라 내가 보는 것은 사람과 같지 아니하니 사람은 외모를 보거니와 나 여호와는 중심을 보느니라 하시더라"(삼상 16:7)

"존귀한 자는 존귀한 일을 계획하나니 그는 항상 존귀한 일에 서리라"(사 32:8)

"그러므로 무엇이든지 남에게 대접을 받고자 하는 대로 너희도 남을 대접하라 이것이 율법이요 선지자니라"(마 7:12)

"이로써 그리스도를 섬기는 자는 하나님을 기쁘시게 하며 사람에게도 칭찬을 받느니라"(롬 14:18)

"옳다 인정함을 받는 자는 자기를 칭찬하는 자가 아니요 오직 주께서 칭찬하시는 자니라"(고후 10:18)

"예수는 지혜와 키가 자라 가며 하나님과 사람에게 더욱 사랑스러워 가시더라"(눅 2:52)

"너희가 서로 영광을 취하고 유일하신 하나님께로부터 오는 영광은 구하지 아니하니 어찌 나를 믿을 수 있느냐"(요 5:44)

"사람이 나를 섬기려면 나를 따르라 나 있는 곳에 나를 섬기는 자도 거기 있으리니 사람이 나를 섬기면 내 아버지께서 그를 귀히 여기시리라"(요 12:26)

"고넬료가 주목하여 보고 두려워 이르되 주여 무슨 일이니이까 천사가 이르되 네 기도와 구제가 하나님 앞에 상달되어 기억하신 바가 되었으니"(행 10:4)

"너는 진리의 말씀을 옳게 분별하며 부끄러울 것이 없는 일꾼으로 인정된 자로 자신을 하나님 앞에 드리기를 힘쓰라"(딤후 2:15)

성취 및 성공

"이 율법책을 네 입에서 떠나지 말게 하며 주야로 그것을 묵상하여 그 안에 기록된 대로 다 지켜 행하라 그리하면 네 길이 평탄하게 될 것이며 네가 형통하리라"(수 1:8)

"일을 행하시는 여호와, 그것을 만들며 성취하시는 여호와, 그의 이름을 여호와라 하는 이가 이와 같이 이르시도다"(렘 33:2)

"네 마음의 소원대로 허락하시고 네 모든 계획을 이루어 주시기를 원하노라"(시 20:4)

"또 여호와를 기뻐하라 그가 네 마음의 소원을 네게 이루어 주시리로다"(시 37:4)

"좋은 것으로 네 소원을 만족하게 하사 네 청춘을 독수리같이 새롭게 하시는도다"(시 103:5)

"그들이 평온함으로 말미암아 기뻐하는 중에 여호와께서 그들이 바라는 항구로 인도하시는도다"(시 107:30)

"겸손과 여호와를 경외함의 보상은 재물과 영광과 생명이니라"(잠 22:4)

"철 연장이 무디어졌는데도 날을 갈지 아니하면 힘이 더 드느니라 오직 지혜는 성공하기에 유익하니라"(전 10:10)

"그런즉 너희는 먼저 그의 나라와 그의 의를 구하라 그리하면 이 모든 것을 너희에게 더하시리라"(마 6:33)

“내게 능력 주시는 자 안에서 내가 모든 것을 할 수 있느니라”(빌 4:13)

돈

“네 재물과 네 소산물의 처음 익은 열매로 여호와를 공경하라 그리하면 네 창고가 가득히 차고 네 포도즙 틀에 새 포도즙이 넘치리라”(잠 3:9-10)

“만군의 여호와가 이르노라 너희의 온전한 십일조를 창고에 들여 나의 집에 양식이 있게 하고 그것으로 나를 시험하여 내가 하늘 문을 열고 너희에게 복을 쌓을 곳이 없도록 붓지 아니하나 보라”(말 3:10)

“오직 너희를 위하여 보물을 하늘에 쌓아 두라 거기는 좀이나 동록이 해하지 못하며 도둑이 구멍을 뚫지도 못하고 도둑질도 못하느니라”(마 6:20)

“한 사람이 두 주인을 섬기지 못할 것이니 혹 이를 미워하고 저를 사랑하거나 혹 이를 중히 여기고 저를 경히 여김이라 너희가 하나님과 재물을 겸하여 섬기지 못하느니라”(마 6:24)

“돈을 사랑함이 일만 악의 뿌리가 되나니 이것을 탐내는 자들은 미혹을 받아 믿음에서 떠나 많은 근심으로써 자기를 찔렀도다”(딤전 6:10)

"그 주인이 이르되 잘하였도다 착하고 충성된 종아 네가 적은 일에 충성하였으매 내가 많은 것을 네게 맡기리니 네 주인의 즐거움에 참여할지어다 하고"(마 25:21)

"그들에게 이르시되 삼가 모든 탐심을 물리치라 사람의 생명이 그 소유의 넉넉한 데 있지 아니하니라 하시고"(눅 12:15)

"너희 보물 있는 곳에는 너희 마음도 있으리라"(눅 12:34)

"그러나 자족하는 마음이 있으면 경건은 큰 이익이 되느니라"(딤전 6:6)

"돈을 사랑하지 말고 있는 바를 족한 줄로 알라 그가 친히 말씀하시기를 내가 결코 너희를 버리지 아니하고 너희를 떠나지 아니하리라 하셨느니라"(히 13:5)

신앙 전수

"이후에 너희의 자녀가 묻기를 이 예식이 무슨 뜻이냐 하거든 너희는 이르기를 이는 여호와의 유월절 제사라 여호와께서 애굽 사람에게 재앙을 내리실 때에 애굽에 있는 이스라엘 자손의 집을 넘으사 우리의 집을 구원하셨느니라 하라 하매 백성이 머리 숙여 경배하니라"(출 12:26-27)

"오직 너는 스스로 삼가며 네 마음을 힘써 지키라 그리하여 네가 눈으로 본 그 일을 잊어버리지 말라 네가 생존하는 날 동안에 그 일들이 네 마음에서 떠나지 않도록 조심하라 너는 그 일들을 네 아들들과 네 손자들에게 알게 하라"(신 4:9)

"네 자녀에게 부지런히 가르치며 집에 앉았을 때에든지 길을 갈 때에든지 누워 있을 때에든지 일어날 때에든지 이 말씀을 강론할 것이며"(신 6:7)

"이스라엘 자손들에게 말하여 이르되 후일에 너희의 자손들이 그들의 아버지에게 묻기를 이 돌들은 무슨 뜻이니이까 하거든 너희는 너희의 자손들에게 알게 하여 이르기를 이스라엘이 마른 땅을 밟고 이 요단을 건넜음이라"(수 4:21-22)

"만일 여호와를 섬기는 것이 너희에게 좋지 않게 보이거든 너희 조상들이 강 저쪽에서 섬기던 신들이든지 또는 너희가 거주하는 땅에 있는 아모리 족속의 신들이든지 너희가 섬길 자를 오늘 택하라 오직 나와 내 집은 여호와를 섬기겠노라 하니"(수 24:15)

"너희 자녀들아 와서 내 말을 들으라 내가 여호와를 경외하는 법을 너희에게 가르치리로다"(시 34:11)

"우리가 이를 그들의 자손에게 숨기지 아니하고 여호와의 영예와 그의 능력과 그가 행하신 기이한 사적을 후대에 전하리로다"(시 78:4)

"마땅히 행할 길을 아이에게 가르치라 그리하면 늙어도 그것을 떠나지 아니하리라"(잠 22:6)

"또 아비들아 너희 자녀를 노엽게 하지 말고 오직 주의 교훈과 훈계로 양육하라"(엡 6:4)

"또 어려서부터 성경을 알았나니 성경은 능히 너로 하여금 그리스도 예수 안에 있는 믿음으로 말미암아 구원에 이르는 지혜가 있게 하느니라"(딤후 3:15)

내적 성장

"하나님이여 내 속에 정한 마음을 창조하시고 내 안에 정직한 영을 새롭게 하소서"(시 51:10)

"또 새 영을 너희 속에 두고 새 마음을 너희에게 주되 너희 육신에서 굳은 마음을 제거하고 부드러운 마음을 줄 것이며"(겔 36:26)

"사람아 주께서 선한 것이 무엇임을 네게 보이셨나니 여호와께서 네게 구하시는 것은 오직 정의를 행하며 인자를 사랑하며 겸손하게 네 하나님과 함께 행하는 것이 아니냐"(미 6:8)

"인내를 온전히 이루라 이는 너희로 온전하고 구비하여 조금도 부족

함이 없게 하려 함이라"(약 1:4)

"다만 이뿐 아니라 우리가 환난 중에도 즐거워하나니 이는 환난은 인내를, 인내는 연단을, 연단은 소망을 이루는 줄 앎이로다"(롬 5:3-4)

"오직 성령의 열매는 사랑과 희락과 화평과 오래 참음과 자비와 양선과 충성과 온유와 절제니 이 같은 것을 금지할 법이 없느니라"(갈 5:22-23)

"우리가 다 하나님의 아들을 믿는 것과 아는 일에 하나가 되어 온전한 사람을 이루어 그리스도의 장성한 분량이 충만한 데까지 이르리니 이는 우리가 이제부터 어린아이가 되지 아니하여 사람의 속임수와 간사한 유혹에 빠져 온갖 교훈의 풍조에 밀려 요동하지 않게 하려 함이라 오직 사랑 안에서 참된 것을 하여 범사에 그에게까지 자랄지라 그는 머리니 곧 그리스도라"(엡 4:13-15)

"예수 그리스도로 말미암아 의의 열매가 가득하여 하나님의 영광과 찬송이 되기를 원하노라"(빌 1:11)

"주께 합당하게 행하여 범사에 기쁘시게 하고 모든 선한 일에 열매를 맺게 하시며 하나님을 아는 것에 자라게 하시고"(골 1:10)

"그러므로 너희가 더욱 힘써 너희 믿음에 덕을, 덕에 지식을, 지식에 절제를, 절제에 인내를, 인내에 경건을, 경건에 형제 우애를, 형제 우애에 사랑을 더하라"(벧후 1:5-7)

03

50대의 관심 주제에 따른 성경구절

공동체

"보라 형제가 연합하여 동거함이 어찌 그리 선하고 아름다운고"(시 133:1)

"한 사람이면 패하겠거니와 두 사람이면 맞설 수 있나니 세 겹 줄은 쉽게 끊어지지 아니하느니라"(전 4:12)

"믿는 사람이 다 함께 있어 모든 물건을 서로 통용하고 또 재산과 소유를 팔아 각 사람의 필요를 따라 나눠 주며 날마다 마음을 같이하여 성전에 모이기를 힘쓰고 집에서 떡을 떼며 기쁨과 순전한 마음으로 음식을 먹고 하나님을 찬미하며 또 온 백성에게 칭송을 받으니 주께서 구원 받는 사람을 날마다 더하게 하시니라"(행 2:44-47)

"우리가 한 몸에 많은 지체를 가졌으나 모든 지체가 같은 기능을 가진 것이 아니니 이와 같이 우리 많은 사람이 그리스도 안에서 한 몸이 되어 서로 지체가 되었느니라"(롬 12:4-5)

"형제들아 내가 우리 주 예수 그리스도의 이름으로 너희를 권하노니 모두가 같은 말을 하고 너희 가운데 분쟁이 없이 같은 마음과 같은 뜻으로 온전히 합하라"(고전 1:10)

"만일 한 지체가 고통을 받으면 모든 지체가 함께 고통을 받고 한 지체가 영광을 얻으면 모든 지체가 함께 즐거워하느니라"(고전 12:26)

"형제들아 너희가 자유를 위하여 부르심을 입었으나 그러나 그 자유로 육체의 기회를 삼지 말고 오직 사랑으로 서로 종 노릇 하라"(갈 5:13)

"너희가 짐을 서로 지라 그리하여 그리스도의 법을 성취하라"(갈 6:2)

"마음을 같이하여 같은 사랑을 가지고 뜻을 합하며 한마음을 품어 아무 일에든지 다툼이나 허영으로 하지 말고 오직 겸손한 마음으로 각각 자기보다 남을 낫게 여기고 각각 자기 일을 돌볼뿐더러 또한 각각 다른 사람들의 일을 돌보아 나의 기쁨을 충만하게 하라"(빌 2:2-4)

"서로 돌아보아 사랑과 선행을 격려하며 모이기를 폐하는 어떤 사람들의 습관과 같이 하지 말고 오직 권하여 그날이 가까움을 볼수록 더

욱 그리하자"(히 10:24-25)

가족 관계

"다툼을 멀리하는 것이 사람에게 영광이거늘 미련한 자마다 다툼을 일으키느니라"(잠 20:3)

"화평하게 하는 자는 복이 있나니 그들이 하나님의 아들이라 일컬음을 받을 것임이요"(마 5:9)

"그러므로 예물을 제단에 드리려다가 거기서 네 형제에게 원망 들을 만한 일이 있는 것이 생각나거든 예물을 제단 앞에 두고 먼저 가서 형제와 화목하고 그 후에 와서 예물을 드리라"(마 5:23-24)

"새 계명을 너희에게 주노니 서로 사랑하라 내가 너희를 사랑한 것 같이 너희도 서로 사랑하라"(요 13:34)

"형제를 사랑하여 서로 우애하고 존경하기를 서로 먼저 하며"(롬 12:10)

"할 수 있거든 너희로서는 모든 사람과 더불어 화목하라"(롬 12:18)

"믿음이 강한 우리는 마땅히 믿음이 약한 자의 약점을 담당하고 자기를 기쁘게 하지 아니할 것이라 우리 각 사람이 이웃을 기쁘게 하되 선을 이루고 덕을 세우도록 할지니라"(롬 15:1-2)

"모든 것이 하나님께로서 났으며 그가 그리스도로 말미암아 우리를 자기와 화목하게 하시고 또 우리에게 화목하게 하는 직분을 주셨으니"(고후 5:18)

"평안의 매는 줄로 성령이 하나 되게 하신 것을 힘써 지키라"(엡 4:3)

"누구든지 하나님을 사랑하노라 하고 그 형제를 미워하면 이는 거짓말하는 자니 보는 바 그 형제를 사랑하지 아니하는 자는 보지 못하는 바 하나님을 사랑할 수 없느니라"(요일 4:20)

부모 부양

"네 부모를 공경하라 그리하면 네 하나님 여호와가 네게 준 땅에서 네 생명이 길리라"(출 20:12)

"너희 각 사람은 부모를 경외하고 나의 안식일을 지키라 나는 너희의 하나님 여호와이니라"(레 19:3)

"너는 센 머리 앞에서 일어서고 노인의 얼굴을 공경하며 네 하나님을 경외하라 나는 여호와이니라"(레 19:32)

"너는 네 하나님 여호와께서 명령한 대로 네 부모를 공경하라 그리하면 네 하나님 여호와가 네게 준 땅에서 네 생명이 길고 복을 누리리라"(신 5:16)

"룻이 이르되 내게 어머니를 떠나며 어머니를 따르지 말고 돌아가라 강권하지 마옵소서 어머니께서 가시는 곳에 나도 가고 어머니께서 머무시는 곳에서 나도 머물겠나이다 어머니의 백성이 나의 백성이 되고 어머니의 하나님이 나의 하나님이 되시리니"(룻 1:16)

"내 아들아 네 아비의 훈계를 들으며 네 어미의 법을 떠나지 말라 이는 네 머리의 아름다운 관이요 네 목의 금 사슬이니라"(잠 1:8-9)

"너를 낳은 아비에게 청종하고 네 늙은 어미를 경히 여기지 말지니라"(잠 23:22)

"네 부모를 즐겁게 하며 너를 낳은 어미를 기쁘게 하라"(잠 23:25)

"자녀들아 모든 일에 부모에게 순종하라 이는 주 안에서 기쁘게 하는 것이니라"(골 3:20)

"만일 어떤 과부에게 자녀나 손자들이 있거든 그들로 먼저 자기 집에서 효를 행하여 부모에게 보답하기를 배우게 하라 이것이 하나님 앞에 받으실 만한 것이니라"(딤전 5:4)

건강

"이르시되 너희가 너희 하나님 나 여호와의 말을 들어 순종하고 내가 보기에 의를 행하며 내 계명에 귀를 기울이며 내 모든 규례를 지키면 내가 애굽 사람에게 내린 모든 질병 중 하나도 너희에게 내리지 아니하리니 나는 너희를 치료하는 여호와임이라"(출 15:26)

"주는 나를 용서하사 내가 떠나 없어지기 전에 나의 건강을 회복시키소서"(시 39:13)

"피곤한 자에게는 능력을 주시며 무능한 자에게는 힘을 더하시나니 소년이라도 피곤하며 곤비하며 장정이라도 넘어지며 쓰러지되 오직 여호와를 앙망하는 자는 새 힘을 얻으리니 독수리가 날개치며 올라감 같을 것이요 달음박질하여도 곤비하지 아니하겠고 걸어가도 피곤하지 아니하리로다"(사 40:29-31)

"이르되 큰 은총을 받은 사람이여 두려워하지 말라 평안하라 강건하라 강건하라 그가 이같이 내게 말하매 내가 곧 힘이 나서 이르되 내 주께서 나를 강건하게 하셨사오니 말씀하옵소서"(단 10:19)

"내 이름을 경외하는 너희에게는 공의로운 해가 떠올라서 치료하는 광선을 비추리니 너희가 나가서 외양간에서 나온 송아지같이 뛰리라"(말 4:2)

“예수께서 이르시되 딸아 네 믿음이 너를 구원하였으니 평안히 가라 네 병에서 놓여 건강할지어다”(막 5:34)

“너희와 모든 이스라엘 백성들은 알라 너희가 십자가에 못 박고 하나님이 죽은 자 가운데서 살리신 나사렛 예수 그리스도의 이름으로 이 사람이 건강하게 되어 너희 앞에 섰느니라”(행 4:10)

“평강의 하나님이 친히 너희를 온전히 거룩하게 하시고 또 너희의 온 영과 혼과 몸이 우리 주 예수 그리스도께서 강림하실 때에 흠 없게 보전되기를 원하노라”(살전 5:23)

“끝으로 너희가 주 안에서와 그 힘의 능력으로 강건하여지고”(엡 6:10)

“사랑하는 자여 네 영혼이 잘됨 같이 네가 범사에 잘되고 강건하기를 내가 간구하노라”(요삼 1:2)

노후 준비

“늙을 때에 나를 버리지 마시며 내 힘이 쇠약할 때에 나를 떠나지 마소서”(시 71:9)

“그는 늙어도 여전히 결실하며 진액이 풍족하고 빛이 청청하니”(시 92:14)

"망령되이 얻은 재물은 줄어 가고 손으로 모은 것은 늘어 가느니라"(잠 13:11)

"부지런한 자의 경영은 풍부함에 이를 것이나 조급한 자는 궁핍함에 이를 따름이니라"(잠 21:5)

"일곱에게나 여덟에게 나눠 줄지어다 무슨 재앙이 땅에 임할는지 네가 알지 못함이니라"(전 11:2)

"늙은 자에게는 지혜가 있고 장수하는 자에게는 명철이 있느니라"(욥 12:12)

"너의 행사를 여호와께 맡기라 그리하면 네가 경영하는 것이 이루어지리라"(잠 16:3)

"사람이 마음으로 자기의 길을 계획할지라도 그의 걸음을 인도하시는 이는 여호와시니라"(잠 16:9)

"이러므로 너희도 준비하고 있으라 생각하지 않은 때에 인자가 오리라"(마 24:44)

"그러므로 우리가 낙심하지 아니하노니 우리의 겉사람은 낡아지나 우리의 속사람은 날로 새로워지도다"(고후 4:16)

섬김

"나는 마음이 온유하고 겸손하니 나의 멍에를 메고 내게 배우라 그리하면 너희 마음이 쉼을 얻으리니"(마 11:29)

"인자가 온 것은 섬김을 받으려 함이 아니라 도리어 섬기려 하고 자기 목숨을 많은 사람의 대속물로 주려 함이니라"(마 20:28)

"임금이 대답하여 이르시되 내가 진실로 너희에게 이르노니 너희가 여기 내 형제 중에 지극히 작은 자 하나에게 한 것이 곧 내게 한 것이니라 하시고"(마 25:40)

"내가 주와 또는 선생이 되어 너희 발을 씻었으니 너희도 서로 발을 씻어 주는 것이 옳으니라"(요 13:14)

"내가 진실로 진실로 너희에게 이르노니 한 알의 밀이 땅에 떨어져 죽지 아니하면 한 알 그대로 있고 죽으면 많은 열매를 맺느니라"(요 12:24)

"그는 근본 하나님의 본체시나 하나님과 동등됨을 취할 것으로 여기지 아니하시고 오히려 자기를 비워 종의 형체를 가지사 사람들과 같이 되셨고 사람의 모양으로 나타나사 자기를 낮추시고 죽기까지 복종하셨으니 곧 십자가에 죽으심이라"(빌 2:6-8)

“만일 너희 믿음의 제물과 섬김 위에 내가 나를 전제로 드릴지라도 나는 기뻐하고 너희 무리와 함께 기뻐하리니”(빌 2:17)

“하나님은 불의하지 아니하사 너희 행위와 그의 이름을 위하여 나타낸 사랑으로 이미 성도를 섬긴 것과 이제도 섬기고 있는 것을 잊어버리지 아니하시느니라”(히 6:10)

“각각 은사를 받은 대로 하나님의 여러 가지 은혜를 맡은 선한 청지기같이 서로 봉사하라”(벧전 4:10)

“자녀들아 우리가 말과 혀로만 사랑하지 말고 행함과 진실함으로 하자”(요일 3:18)

33
55

부록

3355세대를 위한 샘플 설교문

주제: **다양한 선택**

제목: **선택을 잘하십시오**

본문: **사무엘상 24:1-17**

하나님의 사람 다윗은 골리앗을 쓰러뜨린 영웅이 된 이후 사울왕의 지속적인 시기와 미움을 받았습니다. 결국 사무엘상 19장 1절에 보면, 사울은 그의 모든 신하에게 다윗을 죽이라는 명령을 내립니다. 다윗은 아무 잘못 없이 졸지에 목숨이 위태로운 상황에 놓인 것입니다. 그래서 다윗은 이스라엘 전역으로 도망을 다닙니다. 도시에 들어가면 사람들이 자신을 알아보고 신고하기 때문에 사람이 없는 광야를 주로 도망 다녔습니다. 그런데 이게 웬일입니까? 광야에서조차도 사울왕에게 잘 보이려 한 다윗의 대적자가 있었던 것입니다.

오늘 본문에서 다윗은 엔게디 광야라는 곳에 숨어 있었는데, 어떤 사람이 다윗을 발견하고 사울왕에게 신고했습니다. 신고를 받자마자 사울은 달려옵니다. 사실 지금 사울은 달려올 때가 아닙니다. 오늘 본문 1절에서 사울은 블레셋 사람을 쫓다가 돌아왔다고 합니다. 즉 블레셋 사람과 싸우던 중인 것입니다. 이렇게 위급한 상황에서 다윗을 발견했다는 신고를 받자 블레셋 사람 쫓기를 그치고 달려온 겁니다. 무려 3천 명의 군사를 거느리고 엔게디 광야로 왔습니다.

절호의 기회를 얻은 다윗

엔게디는 사해의 서부 중앙에 위치한 요새로 석회석 고원 지대입니다. 온천수가 있는 오아시스이며, 동굴이 아주 많았습니다. 한두 개가 아니라 수백 개, 수천 개입니다. 그러니까 숨기가 아주 좋은 곳입니다.

사울은 다윗이 숨어 있을 법한 들염소 바위 쪽으로 가다가 길가 양의 우리에 이르렀을 때 하필 용변이 보고 싶었습니다. 거기 굴이 있기에 사울은 병사들을 바깥에 두고 혼자 동굴 속으로 들어갔습니다. 성경에는 "뒤를 보러 들어갔다"고 하는데 곧 용변을 보러 들어간 것입니다. 대변을 보려고 쪼그리고 앉았을 때 옷자락이 그의 발을 덮었습니다.

여기에 하필 다윗과 다윗의 병사들이 숨어 있었습니다. 수백 개, 수천 개 동굴 중 하필 이 동굴에 용변을 보러 온 것입니다. 이제 누가 독 안에 든 쥐인가요? 사울입니다. 병사들을 바깥에 두고 혼자 들어왔으니 사울은 꼼짝없이 독 안에 든 쥐인 것입니다. 다윗의 사람들이 사울이 용변 보는 것을 숨죽여 보고 있다가 이렇게 말합니다. "보소서 여호와께서 당신에게 이르시기를 내가 원수를 네 손에 넘기리니 네 생각에 좋은 대로 그에게 행하라 하시더니 이것이 그날이니이다"(4절). 그럴듯하지요? 하나님께서 다윗에게 주신 절호의 찬스, 복수의 기회가 아닙니까? 부하들은 그러니 빨리 죽이라고 다윗을 재촉합니다.

수백, 수천 개의 동굴 중 하필 이 동굴에 들어왔으니, 이야말로 하나님의 계획이라고 볼 수밖에 없습니다. 하나님이 베푸신 완벽한 기회입니다. 상황도 환경도 다윗이 사울을 죽이라는 신호로밖에 해석이 안 됩니다. 하지만 다윗은 사울을 죽이지 않습니다. 다만 사울 곁으로 가서 가만히 옷자락을 베었습니다. 사울은 동굴이 너무 깜깜하니 다윗이 곁에 와도 몰랐습니다.

그런데 놀라운 것은 다음 구절입니다. 다윗은 사울을 죽이지 않고 단지 옷자락만 베었을 뿐인데, 마음에 찔렸다고 말합니다(5절). 모두가 사울을 죽일 기회라 여길 때, 단지 그의 옷자락을 베었을 뿐이면서도 그것이 혹여 여호와께서 기름 부으신 자를 조롱한 행위가 아닐까 괴로워했다는 겁니다.

다윗은 부하들에게도 사울을 해하지 말라고 명령하면서 이렇게 말합니다. "내가 손을 들어 여호와의 기름 부음을 받은 내 주를 치는 것은 여호와께서 금하시는 것이니 그는 여호와의 기름 부음을 받은 자가 됨이니라"(6절).

다윗이 사울을 죽이지 않은 이유가 무엇입니까? 하나님께서 기름 부으신 자를 치는 것은 하나님께서 금하신 일이기 때문입니다. 하나님께서 세우신 자를 죽이는 일은 하나님을 우롱하는 행위로 보았다는 겁니다. 그래서 다윗은 하나님의 기름 부음을 받은 자를 쳐선 안 된다는 하나님의 말씀을 지키기 위해 정적을 제거할 수 있는 절호의 기회를 포기합니다.

사울이 마침내 용변을 본 후 굴 밖으로 나갔습니다. 그러자 다윗도 일어나 굴을 빠져나간 뒤 이렇게 말합니다. "내 주 왕이여…." 사울이 깜짝 놀라 뒤돌아보니 그토록 잡고 싶던 다윗이 있었습니다.

다윗은 땅에 엎드려 절하며 이렇게 말합니다. "어떤 사람이 나를 권하여 왕을 죽이라 하였으나 내가 왕을 아껴 말하기를 나는 내 손을 들어 내 주를 해하지 아니하리니 그는 여호와의 기름 부음을 받은 자이기 때문이라 하였나이다"(10절). 다윗은 자신이 벤 사울의 옷자락을 보여 주며, 자신에겐 잘못이 없으며 사울을 해할 마음이 전혀 없다면서, 더 이상 자신을 미워하여 죽이려 하지 말라고 간곡히 요청합니다.

사울은 다윗의 진심 어린 행동과 말에 감동을 받습니다. 그토록 강퍅하고 사악했던 사람도 감동을 받으니까 미워하는 마음이 한순간에 녹아내렸습니다. 그러자 사울은 다윗을 이렇게 부릅니다. "내 아들 다윗아!"(16절) 그러고는 소리 높여 울었습니다. 감동이지요? 그렇게 미워하던 다윗을 향해 아들이라고 표현합니다. 그리고 불쌍한 다윗의 억울한 감정을 이해하니까 너무나 미안해서 소리 높여 웁니다. 그러면서 "나는 너를 학대하되 너는 나를 선대하니 너는 나보다 의롭도다"(17절) 하며 자신의 잘못을 인정합니다. 이것이 바로 오늘 본문의 내용입니다.

무엇이 옳은 선택인가

오늘 본문 말씀에서 다윗은 중요한 선택의 기로에 서 있었습니다. 사실 사울을 죽이는 것이 이 선택의 기로에서 가장 합리적인 선택이었을 것입니다. 하지만 다윗은 사울을 죽이는 선택을 하지 않고 사울을 용서하는 선택을 했습니다. 그리고 결론적으로는 다윗의 선택이 옳았습니다.

3355세대 여러분의 인생은 계속된 선택의 지평 위를 지나고 있다고 해도 과언이 아닙니다. 우리는 매 순간 선택의 기로에 서 있습니다. 어느 직업을 가질 것인가, 어떤 회사로 취업 혹은 이직할 것인가, 어디로 이사 갈 것인가, 자녀 계획은 어떻게 할 것인가, 어떻게 살 것인가, 이렇게 굵직한 선택은 물론이고 당장 오늘 저녁에 무엇을 먹을까 같은 사소한 선택도 해야 합니다. 우리는 죽을 때까지 계속 선택의 기로에 서게 됩니다.

우리는 선택을 잘해야 합니다. 어떻게 잘합니까? 하나님께서 원하시는 선택을 하는 것입니다. 하나님께서 원하시는 선택을 해야 잘한 선택이고 옳은 선택입니다. 본문에서 다윗의 행동을 통해 하나님께서 원하시는 선택을 하는 방법을 찾을 수 있습니다.

첫째, 나에게 유리한 상황이 아닌 하나님의 말씀을 기준으로 선택하는 것입니다. 본문을 보면 모든 상황과 환경이 사울을 죽이는 선택을 향해 있습니다. 그게 마땅해 보입니다. 수백, 수천 개의 동굴 중에서 하필이면 다윗이 있는 동굴에 사울이 들어왔습니다. 그것도 사울 혼자서 말입니다. 다윗의 사람들은 하나님께서 다윗에게 원수를 처단하라고 기회를 주신 것이라고 말했습니다. 누구든 그렇게 보는 게 합당해 보였습니다. 다윗 역시 '이것이야말로 하나님께서 주신 놀라운 기회구나!' 했다면 돌이킬 수 없는 큰 범죄를 저질렀을지도 모릅니다. 종종 신앙 서적에서, 나에게 유리한 상황이 되는 것을 보며 이것이 하나님의 뜻이라고 확신한다는 내용이 나오는데, 그럴 수도 있고 아닐 수도 있습니다.

여러분! 하나님은 환경과 상황을 통해서도 우리를 테스트하실 수 있다는 사실을 아셔야 합니다. 오늘 본문을 보면, 하나님이 다윗을 테스트하기 위해 사울을 죽일 수 있는 상황을 만드신 것을 알 수 있습니다. 사울왕을 다윗이 있는 곳에 오게 하시고, 다윗이 어떻게 하는지 하나님께서 가만히 살펴보았다는 것입니다. 이때 만약에 다윗이 사울을 죽였다면 어떻게 되었을까요? 하나님은 다윗을 인정하지 않으셨을 것입니다. 하나님은 다윗이 정말 하나님께서 원하시는 선택을 하는 사람인가, 아닌가를 테스트해 보고자 하신 것입니다.

다윗은 왜 사울을 죽이지 않았을까요? 다윗은 하나님의 말씀에 근거해 사울을 죽이는 것이 죄라는 걸 알았기 때문입니다.

기름 부음을 받아 세워지는 직분은 두 가지였습니다. 하나는 제사장, 다른 하나는 왕입니다. 그런데 성경을 보면, 기름 부음 받은 자는 그 직분이 영원하다고 합니다. 출애굽기 40장 15절 한 구절 말씀만 보아도 알 수 있습니다. "그 아버지에게 기름을 부음같이 그들에게도 부어서 그들이 내게 제사장의 직분을 행하게 하라 그들이 기름 부음을 받았은즉 대대로 영영히 제사장이 되리라." 왜 그렇지요? 사람이 인위적으로 기름을 부은 것이 아니라, 하나님께서 구별하여 세웠기 때문입니다. 기름 붓는다는 의미는 하나님께서 다른 사람들과 다르게 구별하여 세웠다는 의미입니다. 그렇기에 기름 부음 받은 자를 죽이는 것은 하나님의 말씀에 대한 도전이고, 더 나아가 하나님의 주권에 대한 도전이며, 십계명 제3계명의 여호와의 이름을 망령되이 일컫는 죄와 마찬가지로 무서운 죄인 것입니다.

다윗은 이것을 어떻게 알았을까요? 다윗은 항상 하나님의 말씀을 묵상하는 자였기 때문입니다. "복 있는 사람은 악인들의 꾀를 따르지 아니하며 죄인들의 길에 서지 아니하며 오만한 자들의 자리에 앉지 아니하고 오직 여호와의 율법을 즐거워하여 그의 율법을 주야로 묵상하는도다"(시 1:1-2). 이 시편은 다윗이 쓴 시로 추정할 수 있는데, 이 시를 통해서 다윗은 항상 말씀을 묵상하던 자였다는 사실을 알 수 있습니다. 다윗은 주야로 말씀을 묵상하는 자였기 때문에 선택의 순간에 하나님의 말씀에 근거한 선택을 할 수 있었던 것입니다.

하나님께서 원하시는 선택을 잘하려면 평소에 말씀을 읽고 묵상해야 합니다. 묵상이 왜 중요합니까? 하나님은 중요한 순간에 묵상한 말씀을 통해 역사하시기 때문입니다. 어떤 사람들은 힘든 일이 닥쳤을 때, 중요한 선택의 순간에 서 있을 때, 급히 말씀을 펴서 읽고 기도한다고 합니다. 이렇게 하나님을 찾는 것은 매우 중요합니다. 그런데 이왕이면 평소에 묵상을 통해 말씀이 내 안에, 내 존재에 있는 것이 더 중요합니다.

저는 대학생 때 이 훈련을 받았습니다. 저는 대학생 때 묵상과 말씀 암송 중심의 선교단체에서 활동했습니다. 신기한 것은 평소 암송하고 묵상한 말씀이 중요한 선택의 순간에 떠올라서 제 삶에 지침이 되었다는 것입니다. 지금도 설교 준비를 하다 보면 그때 암송하고 묵상한 말씀이 떠올라서 하나님의 뜻을 찾아가게 됩니다. 묵상한 말씀이 우리의 무기입니다. 그 무기가 항상 우리 안에 있어야 우리를 보호하는 힘이 되고, 유혹을 이겨 내는 지혜가 됩니다.

사랑하는 3355세대 성도님들! 하나님의 뜻은 하나님의 말씀, 하나님의 원칙에 담겨 있습니다. 성경 말씀에 담겨 있습니다. 우리는 말씀을 가지고 사는 사람이지, 상황에 따라 살아가는 사람들이 아닙니다. 하나님의 말씀을 온전히 붙잡고, 다윗과 같이 항상 말씀을 묵상하므로, 언제나 선택의 순간에 승리하시기를 주님의 이름으로 간절히 소망합니다.

하나님의 방법을 따라

둘째, 방법이 선한 선택을 해야 한다는 것입니다. 다윗은 둘 중 하나를 선택해야 하는 상황에 있었습니다. 하나는 사울을 죽이는 선택이요, 다른 하나는 사울을 살리는 선택이었습니다. 그중에 다윗은 사울을 살리는 선택을 했습니다. 왜 그랬을까요? 그것은 사람을 죽이는 것은 절대로 그 방법이 선할 수 없기 때문입니다. 사울을 죽이는 것은 바로 살인하는 것입니다. 사람을 죽이는 것은 바로 십계명의 여섯 번째 계명을 어기는 것입니다.

성경에서 사람을 죽일 수 있도록 공식적으로 허용한 경우는 하나님을 안 믿고, 하나님의 이름을 모욕하는 이방 나라 사람들과 전쟁할 때, 싸울 때였습니다. 그 외에 살인은 지금도 마찬가지이지만, 성경 시대에도 가장 무서운 범죄였습니다. 그런데 하나님이 세우신 이스라엘 왕인 사울을 죽인다는 것은 당연히 하나님이 일하시는 방식이 아니었던 것입니다.

성경에 제시된 하나님께서 일하시는 방식은 첫째 사랑이고, 둘째 용서이며, 셋째, 정직입니다. 하나님은 사랑으로 이 세상을 창조하셨고, 사랑으로 우리를 돌보시며, 우리를 너무나도 사랑하셔서 독생자 예수 그리스도를 우리에게 보내 주셨습니다. 요한복음 3장 16절에서 "하나님이 세상을 이처럼 사랑하사 독생자를 주셨으니 이는 그를 믿는 자마다 멸망하지 않고 영생을 얻게 하려 하심이라" 했습니다. 하나님이 우리 인간을 너무나 사랑하셨다는 것입니다. 하나님은 사랑의 원천, 사랑 그 자체이십니다. 요한1서 4장 8절에도 "하나님은 사랑이심이라" 했습니다.

그리고 하나님은 용서로 일하십니다. 하나님은 우리 인간의 죄를 무한히 용서해 주시는 분입니다. 예수님의 십자가는 하나님의 용서 때문에 가능했습니다. 마태복음 18장 21-22절은 "그때에 베드로가 나아와 이르되 주여 형제가 내게 죄를 범하면 몇 번이나 용서하여 주리이까 일곱 번까지 하오리이까 예수께서 이르시되 네게 이르노니 일곱 번뿐 아니라 일곱 번을 일흔 번까지라도 할지니라" 말씀합니다. 끝없이 용서해 주라는 것입니다.

마지막으로 하나님이 일하시는 방식은 정직입니다. 정직의 반대는 거짓인데, 하나님은 거짓을 너무나 미워하십니다. 왜냐하면 거짓은 사탄의 역사이기 때문입니다. 처음 아담과 하와가 범죄하게 된 것도 뱀으로 가장한 사탄이 그들을 속였기 때문입니다. 그래서 예수님은 요한복음 8장 44절에서 사탄에 대해 이렇게 말씀하십니다. "그는 처음부터 살인한 자요 진리가 그 속에 없으므로 진리에 서지 못하고 거짓을 말할 때마다 제 것으로 말하나니 이는 그가 거짓말쟁이요 거짓의 아비가 되었음이라."

오늘 본문에서 다윗도 하나님께서 일하시는 방식인 사랑, 용서, 정직을 실천했습니다. 그는 사울을 사랑하려고 했습니다. 사울을 향해 "내 주 왕이여" 하고 외친 것은 이 때문입니다. 아직도 주인님, 나의 왕이라고 부르며 사울을 향한 사랑을 드러냈습니다. 그랬기에 사울이 자신에게 잘못한 것을 용서하고 그를 죽이지 않을 수 있었습니다. 다윗은 또한 사울에게 자신의 이야기를 거짓 없이, 숨김없이 정직하게 말합니다. 그러니까 어떤 역사가 일어납니까? 그 강퍅했던 사울이 변하고, 놀라운 감동의 역사가 일어났습니다.

바로 이것입니다. 하나님의 방법대로 선택하고 일하는 곳에 하나님께서 역사하십니다. 그리고 하나님께서 역사하시는 곳에 변화의 역사, 감동의 역사가 일어납니다.

하나님의 방법대로 살아 보십시오, 하나님의 방법에 맞는 선택을 해보십시오, 그러면 하나님께서 강력하게 역사하십니다. 이러한 하나님의 놀라운 손길을 경험하는 3355세대 성도들이 되시기를 주님의 이름으로 간절히 소망합니다.

감정이 아니라 주의 소망을 따라

셋째, 감정에 이끌리지 않는 선택을 해야 한다는 것입니다. 다윗은 감정에 이끌린 선택을 하지 않았습니다. 다윗도 인간인지라 사울을 향한 미움의 감정이 있었을 것입니다. 억울하게 도망자 신세가 된 것이 사울 때문인데 어떻게 밉지 않을 수 있겠습니까? 감정대로라면 당연히 사울을 죽이는 선택을 했을 것입니다. 그러나 다윗은 감정에 이끌리지 않은 냉정한 선택을 했습니다. 감정에 이끌린 선택은 반드시 실패하게 됩니다. 순간의 좋은 감정으로, 혹은 순간의 복수의 감정으로 선택을 하면 반드시 실패할 수밖에 없습니다. 그렇기 때문에 감정에 이끌린 선택은 하지 말아야 합니다.

저는 감정에 이끌린 선택을 하지 않기 위해 다음의 방법을 사용합니다.

빌립보서 2장 13절은 "너희 안에서 행하시는 이는 하나님이시니 자기의 기쁘신 뜻을 위하여 너희에게 소원을 두고 행하게 하시나니"라고 말씀합니다. 하나님은 우리에게 사인을 주실 때 우리 마음 가운데 지속적인 소망을 주신다는 것입니다. 그래서 저는 중요한 선택이 있을 때 기간을 정해서 기도합니다. 그리고 내 마음속 소망을 살펴봅니다. 순간의 감정에 의해서 선택하는 것이 아니라, 시일을 가지고 기도하면서 내 마음속 소망을 체크하는 것입니다. 기도하는데 소망이 줄어든다면, 그것은 내 욕심이었고 내 생각일 뿐이었다고 판단합니다. 그러나 소망이 줄어들지 않고 오히려 더 커지거나 유지되면 하나님의 뜻이라 판단합니다. 이렇게 하면 실패하지 않습니다. 기도하면서 하나님께서 기뻐하시는 올바른 선택을 하기를 주님의 이름으로 간절히 소망합니다.

쉬운 길이 아니라 어려운 길을 따라

넷째, 인간적인 욕심을 배제하는 좁은 길을 선택해야 한다는 것입니다. 신앙의 길은 어렵습니다. 쉬운 길이 없습니다. 하나님은 보통 사람들처럼 쉬운 길로 가는 것을 좋아하지 않습니다. 쉬운 길은 어떤 길입니까? 나의 인간적인 욕심이 작용하는 길입니다. 당장 눈앞에 돈이 되고, 이익이 되는 길입니다. 세상적으로 볼 때 좋은 길입니다.

그러나 하나님은 우리가 인간적인 욕심을 배제하는 좁은 길을 선택하기를 원하십니다. 어려운 길을 하나님과 같이 가면서 불가능을 가능케 하는 역사를 경험하는 것을 하나님께서는 좋아하십니다. 어려운 길을 하나님과 같이 걸어가면서 하나님만 의지하는 법을 깨닫는 것을 하나님께서는 좋아하십니다. 그래서 예수님은 "좁은 문"으로 들어가라고 말씀하신 것입니다. "좁은 문으로 들어가라 멸망으로 인도하는 문은 크고 그 길이 넓어 그리로 들어가는 자가 많고 생명으로 인도하는 문은 좁고 길이 협착하여 찾는 자가 적음이라"(마 7:13-14).

오늘 본문에서 좁은 길은 어떤 길입니까? 사울을 죽이지 않는 것입니다. 사울을 죽이면 그것은 쉬운 길이 될 수 있습니다. 사울을 죽이면 한방에 상황이 정리될 수 있습니다. 도망자 신세가 아닌 안정된 삶을 살 수 있습니다. 어쩌면 더 빨리 왕이 될 수도 있습니다. 그러나 다윗은 그 길을 가지 않았습니다. 그 길은 인간적인 욕심이 작용하는 넓은 길이었기 때문입니다.

다윗은 어려운 길을 선택했습니다. 다시 도망 다니는 길을 선택했습니다. 그는 고난의 길, 좁은 길을 다니면서 하나님께서 함께하심을 경험했습니다. 힘든 길이지만, 하나님과 함께하는 신앙의 훈련이 된 길이었습니다. 이 어렵고 힘든 길을 걸으며 다윗은 풍부한 삶의 경험을 통해 왕으로서 자질을 갖추게 되었고, 하나님과 동행하는 성숙한 신앙인으로 자랄 수 있었습니다.

사랑하는 3355세대 성도님들! 우리 기독교 신앙에는 로또 복권이 없습니다. 일확천금을 노리는 선택, 소위 대박 나는 선택을 하나님은 원하시지 않습니다. 이것을 선택하면 수억이 갑자기 들어올 것 같고, 갑자기 인생 역전이 될 것 같은 선택은 하나님께서 원하시는 선택이 아닙니다. 하나님께서는 하나님만 믿고 의지함으로써 하루하루 정직하게 땀 흘려 씨를 뿌리는 선택을 원하십니다. 갈라디아서 6장 7절의 말씀이 진리입니다. "스스로 속이지 말라 하나님은 업신여김을 받지 아니하시나니 사람이 무엇으로 심든지 그대로 거두리라." 남들이 보기에, 세상적으로 보기에 좋고 넓은 길이 아니라 오직 하나님이 보시기에 좋은 좁은 길을 선택하시기를 간절히 소망합니다.

말씀을 마치겠습니다. 나에게 유리한 상황이 아닌 하나님의 말씀과 하나님의 방법을 기준으로 선택하고, 인간적인 감정과 욕심을 배제하고 하나님께서 원하시는 좁은 길을 선택할 줄 아는 선택의 승리자들이 되시기를 주님의 이름으로 간절히 축복합니다. 아멘.

3355세대를 위한 샘플 설교문 2

주제: 내적 성장

제목: 예수님을 닮는 신앙인

본문: 누가복음 5:12-16

3355세대 성도님들! 여러분의 신앙의 목표는 무엇입니까? 우리의 신앙의 목표는 바로 예수님의 온전한 제자가 되는 것입니다. 우리가 어떤 사람을 제자라고 말합니까? 제자는 스승을 닮은 사람입니다. 스승을 닮지 않았다면 그 사람을 제자라고 말할 수 없습니다. 그렇다면 여러분은 얼마만큼 스승 되시는 예수님을 닮았습니까? 그리고 제자는 스승께서 하신 일을 재현하는 사람입니다. 그렇다면 여러분은 얼마만큼 예수님이 이 세상에 와서 하신 일을 재현하고 있습니까?

예수님께서는 오늘 본문에서 온몸에 나병 즉 한센병에 걸린 사람을 고치십니다. 나병 들린 사람은 잘못 건드리면 손가락도 잘려 나가고, 코도 잘려 나갑니다. 그래서 항상 붕대를 온몸에 감고 다닙니다. 예수님 시대에 나병은 무서운 전염병으로 알려져서 일반인과 같이 살지 못하고 격리되어 살아야 했습니다. 나병환자가 동네에 나타나면 사람들이 그에게 돌을 던지곤 했습니다.

아픈 자와 함께하신 예수님

오늘 본문에 나오는 나병환자는 사람들이 던지는 돌에 맞아 죽을 각오를 하고 예수님을 만나려고 나아왔습니다. 나병환자는 예수님을 보고 엎드리더니 이렇게 말합니다. "주여 원하시면 나를 깨끗하게 하실 수 있나이다." 모든 사람이 전염병에 옮을까 무서워 피하는 그 나병환자를 예수님은 손을 내밀어 그의 몸에 대시며 말씀하십니다. "내가 원하노니 깨끗함을 받으라!" 그 순간 나병환자의 피부가 깨끗해졌습니다. 기적이 일어난 겁니다.

나병환자가 얼마나 기뻤을까요! 그는 깨끗해진 몸을 사람들한테 자랑하려고, 예수님이 얼마나 대단한 분이신지 알리려고 당장에 동네로 뛰어가려 했습니다. 그러나 예수님은 그를 붙잡아 14절에서 이렇게 말씀하십니다. "아무에게도 이르지 말고 가서 제사장에게 네 몸을 보이고 또 네가 깨끗하게 됨으로 인하여 모세가 명한 대로 예물을 드려 그들에게 입증하라." 레위기 14장에 의하면, 나병환자의 나음은 제사장의 확증이 있어야 했습니다. 제사장이 검사해서 병이 나았음이 확인되면 그제야 감사 예물을 드리고 사회로 복귀할 수 있었습니다. 제사장에게 병의 나음을 확증받는 것은 당연한 절차였습니다.

그런데 예수님은 "병이 나았다는 것을 아무에게도 이르지 말라"고 덧붙이십니다. 이것은 그냥 한 말이 아니라 명령이었습니다. 개역개정은 '경고하시되'로 번역했는데, 헬라어로는 '파랑겔로'로서 '명령하다'는 의미입니다.

이 치유받은 나병환자는 예수님의 명령을 들었으나, 입이 간질간질해서 동네에 들어가 대단한 능력의 소유자이신 예수님을 자랑한 것으로 보입니다. 예수님의 소문이 더욱 퍼져서 수많은 사람이 예수님께 몰려왔으니까요. 예수님께서 소위 스타가 되신 것입니다. 하지만 예수님은 이렇게 수많은 사람이 몰려오는 것을 기뻐하지 않으셨습니다. 오히려 무리에서 빠져나와 사람들이 없는 한적한 곳으로 가서 하나님께 기도하셨습니다.

오늘 본문은 이 땅에서 예수님의 모습이 어떠했는지를 단편적으로 보여 줍니다. 예수님의 삶이 어떠했습니까?

제가 본문에서 발견한 예수님은 아픈 자의 마음을 진심으로 공감하고, 위로하셨습니다. 사람들은 아픈 자를 피하려고 했습니다. 그러나 예수님은 아픈 자와 함께하셨습니다. 당시 가장 무서운 병을 앓던 나병환자와 함께하셨습니다. 더 놀라운 것은 예수님께서 이 나병환자의 몸을 만지셨다는 것입니다. 만진다는 것은 "나는 너를 공감한다. 나는 너의 아픔을 이해한다. 나는 너를 위로한다"는 메시지를 전달하는 상징적인 행동입니다. 당시 의학 지식으로는 나병환자를 만지면 거의 100% 나병 바이러스에 감염된다고 믿었는데도 불구하고 예수님은 개의치 않으셨습니다.

"오랜 병에 효자 없다"는 말이 있습니다. 아무리 효자라도 부모의 병이 오래 지속되면 지쳐서 포기하고 싶습니다. 아프면 종국

엔 주위 사람들이 하나둘씩 떠납니다.

이 나병환자는 몸만 아픈 것이 아니었을 것입니다. 나병환자는 사람들과 함께 살 수 없었습니다. 가족과도 떨어져 살아야 했습니다. 외로움, 고독함, 자괴감 등이 몰려와 마음에 병이 되었을 것입니다. 이뿐만 아니라 당시 병은 죄 때문이라는 인과응보 율법 사상이 지배적이어서 죄책감에 눌렸을 것입니다. 심지어 하나님한테 버림받았다고 괴로워했을 것입니다. 예수님은 이 나병환자의 육체적인 아픔뿐만 아니라 정신적 · 영적 아픔까지도 공감하고 위로하셨습니다.

공감과 위로의 능력

예수님은 공감 능력이 탁월하신 상담자였습니다. 요한복음 11장에서 죽은 나사로를 살리실 때도 공감의 모습을 보이셨습니다. 예수님은 나사로 가족과 친하게 지내셨습니다. 어느 날, 나사로가 병들자 그의 누이 마리아와 마르다가 예수님께 사람을 보내 빨리 오셔서 오빠의 병을 고쳐 달라고 요청했습니다. 그런데 예수님은 당장에 달려가시지 않고 이틀을 더 지체하다 가셨습니다. 나사로가 죽기를 기다리신 것입니다. 예수님은 죽은 나사로를 살리기로 마음먹었기 때문입니다.

예수님이 나사로의 집에 갔을 때는 나사로가 죽은 지 나흘이었습니다. 마리아와 마르다는 예수님께 서운한 마음을 쏟으며 울었습니다. 문상 온 사람들도 슬퍼서 울었습니다. 그 모습을 보고 예수님은 "믿음 없는 자들아, 내가 나사로를 살리러 왔다!"고 말씀하시며 슬퍼서 우는 자들을 정죄하신 것이 아니라, 그 슬픔을 공감하며 같이 눈물을 흘리셨습니다. 이분이 바로 우리 예수님이십니다.

이 말씀을 듣는 3355세대 성도님들도 예수님을 본받아 아픈 자의 마음을 공감하고 위로해야 합니다. 몸이 아픈 자, 정신적으로 아픈 자, 여러 가지 어려운 일을 만나 마음이 아픈 자, 영적으로 아프고 약한 자들을 공감하고 위로해야 합니다.

예수님을 믿는 예수님의 제자는 모두 상담자, 위로자가 되어야 합니다. 성령님의 수식어가 '보혜사'입니다. '보혜사'에 해당하는 헬라어는 '파라클레토스'로 상담자, 위로자로 번역할 수 있습니다. 우리 하나님이 우리의 상담자, 위로자이십니다. 그렇기 때문에 예수님의 제자인 우리도 마땅히 상담자, 위로자가 되어야 합니다.

1997년에 잭 니콜슨, 헬렌 헌트가 주연한 〈이보다 더 좋을 순 없다〉(As good as it gets)라는 영화가 있습니다. 영화의 남자 주인공은 강박장애라는 심리적인 병을 앓고 있었습니다. 이 병은 철저한 사람에게 나타나는 신경증적인 증세로 문을 잠가도 10번은 확인해야 하고, 가스 밸브를 잠그면 10번은 강박적으로 확인해야 마음이 놓이는 병입니다. 주인공은 이 증세가 극심해서 길을 갈 때도 깨끗한 곳으로만 다니고, 밖에서 밥을 먹을 때는 수저와 그릇을 가지고 다녔습니다. 다른 사람이 사용한 것은 불결해서 같이 쓸 수 없기 때문입니다. 한 번 쓴 수건은 다시 쓰지 않았습니다. 그러니 주변에 사람이 없었습니다. 자신을 인정해 주고, 사랑해 주는 사람이 없으니 이 강박 증세는 더 심해져 갔습니다.

어느 날 이 사람에게 한 여인이 나타났습니다. 이 여인은 이상하게 이 남자 주인공을 피하지 않고, 이 남자가 하는 이야기를 다 들어주고, 같이 밥도 먹었습니다. 남자의 행동을 이상하게 보지 않고 다 인정해 준 것입니다. 결국 이 남자는 자신을 인정해 주는 이 여자를 사랑하게 되었고, 강박증세도 차츰 나아졌습니다. 마침내 남자는 여자에게 다음과 같은 사랑 고백을 합니다.

"당신은 내가 더 멋진 남자가 되기를 원하도록 만들었어(You make me wanna be a better man)."

공감하고 위로하면, 놀라운 치유와 변화가 일어납니다. 우리를 만나는 사람의 입에서 이러한 고백이 나와야 합니다. "You make me wanna be a better person!"

시기심을 버려야 예수님의 참된 제자다

오늘 본문에서 발견할 수 있는 또 다른 예수님의 모습은 바로 다른 사람이 잘되기를 간절히 원하신다는 것입니다. 예수님은 우리 인간이 병으로부터 고침 받기를 원하시는 분이었습니다. 예수님은 우리가 상처로부터 나음 받기를 원하시는 분이었습니다. "내가 원하노니 깨끗함을 받으라!" 예수님은 다른 사람들이 잘되는 것을 원하시는 분이었습니다.

우리도 예수님을 본받아 진정으로 다른 사람이 잘되기를 원해야 합니다. 우리가 만나는 사람들이 정말 잘되고, 잘 성장하기를 원해야 합니다.

이기주의가 팽배한 이 시대에 나만 잘되기를, 나만 잘살기를 바라는 사람이 정말 많습니다. 가까운 사촌이 땅을 사면 배가 아프고, 이웃이 잘되면 이상하게 질투가 나고 심지어 화가 납니다.

여러분이 잘 아는 미켈란젤로가 그린 '천지창조'가 있습니다. 이 그림은 바티칸 시국 시스티나 성당의 천장에 그려져 있는 프레스코화입니다. 이 그림이 어떻게 그려진 줄 아십니까? 원래 미켈란젤로는 그림 그리는 화가가 아니고, 조각가였습니다. 조각을 너무 잘해서 유명해지니까 그의 재능을 시기하는 사람들이 생겼습니다. 대표적인 사람이 당시 로마 교황 율리우스 2세의 절대적인 지지를 받던 건축가 도나토 브라만테였습니다. 그는 미켈란젤로의 재능과 명성을 시기해서 교황에게 시스티나 성당 천장에 그림을 그릴 화가로 미켈란젤로를 추천했습니다. 도나토 브라만테는 미켈란젤로가 조각가이지 화가가 아니라고 생각해서 그를 망신 줄 심산으로 교황에게 미켈란젤로를 추천한 것입니다. 더구나 벽도 아니고 천장에 그림을 그려야 하니 웬만한 화가도 감당하기 힘든 작업입니다. 하지만 결과는 우리가 알다시피 정반대였습니다. 속된 말로 대박이 났습니다.

남이 잘되는 것을 시기하고 싫어하는 게 우리의 모습입니다. 하지만 예수님의 제자인 우리는 이 시기심의 본성을 극복해야 합니다.

교회는 이기주의적인 본성을 버리는 훈련의 장이어야 합니다. 성도들이 잘될 수 있도록 도와주고 격려해 줍시다! 다른 3355세대 성도들에게 좋은 일이 생기면 배 아파하지 말고 박수 쳐 줍시다. 내 자녀는 대학입시에 떨어졌어도, 다른 가정의 자녀가 대학 합격을 성취했다면, 진정으로 축하해 줍시다. 이런 모습이 있어야 예수님의 삶을 본받는 예수님의 제자라 할 수 있습니다.

솔직히 저도 예전에는 그렇지 못했습니다. 어린 시절엔 무조건 1등은 내가 해야 했습니다. 다른 사람이 나보다 잘하는 것을 보면 잠을 이루지 못했습니다. 게임을 하면 내가 이길 때까지 해야 직성이 풀렸습니다. 명절이면 제가 집안 분위기를 다 망쳤습니다. 가족들과 윷놀이를 하면 무조건 내가 이겨야 했으니까요. 지면 울고불고 난리도 아니었습니다.

그런 제가 달라진 계기가 있습니다. 신학대학원 시절, 동기들 몇 명과 볼링을 치러 갔습니다. 그때도 1등을 하려고 열심히 쳤습니다. 그런데 마지막 프레임에서 실수로 공을 도랑에 빠뜨리는 바람에 제가 꼴찌를 하게 된 겁니다. 그래서 동기들한테 제가 밥을 샀습니다. 그때 동기들이 즐거워하는 모습이 눈에 들어왔습니다. '내가 져도 되는구나. 내가 밥을 사서 다른 사람이 행복할 수 있으면 좋은 거구나!'

인정 욕구에서 벗어나라

오늘 본문에서 발견할 수 있는 또 다른 예수님의 모습은 바로 인정 욕구에서 벗어났다는 것입니다. 예수님은 이 나병환자를 고치신 뒤, 아무한테도 이 사실을 알리지 말라고 명령하셨습니다. 이유가 뭡니까? 예수님이 높임 받는 것을 경계하셨기 때문입니다. 나병환자가 예수님이 행하신 일을 사람들한테 알리면 예수님은 유명세를 떨치게 될 것입니다. 하지만 예수님은 예수님 자신이 아니라 하나님만 높임 받기를 원하셨습니다.

예수님은 나병환자에게 다만 제사장에게 가서 깨끗이 나음 받았음을 확증받으라고 하십니다. 제사장이 나병환자가 깨끗이 나음 받은 것을 보고 "놀라운 기적이다" 하면서 하나님께 영광 돌릴 것이기 때문입니다. 나병환자도 감사 예물을 드리며 하나님께 감사할 것입니다. 예수님은 이것을 원하신 것입니다. 자신은 드러내지 않고, 오직 하나님만 드러내고, 자신은 영광 받지 않고, 오직 하나님만 영광 받으시기를 원하신 것입니다.

우리는 어떻습니까? 우리는 예수님의 모습과 정반대입니다. 우리는 우리가 유명해지기를 원합니다. 우리는 우리가 높임 받기를 원합니다. 우리는 조금만 잘해도 잘한 것에 대해 인정받고 싶어 합니다.

예수님의 제자는 무엇을 하든지 다 하나님의 영광을 위해서 하는 사람입니다. 예수님의 제자는 사람들한테 인정받기를 원하지 않고 오직 하나님만 의식합니다. 예수님의 제자는 내 삶의 주인이 예수님이라는 사실을 삶으로 구현하는 사람입니다. 예수님을 믿고 예수님의 제자가 된 우리는 갈라디아서 2장 20절의 사도 바울의 고백처럼, 내가 그리스도와 함께 십자가에 못 박혀 죽은 자이고, 이제는 내 안에 내가 사는 것이 아니라 오직 내 안에 그리스도께서 사는 자입니다. 이제 내 삶의 주인은 '내'가 아니라 '예수님'입니다.

우리는 예수님의 종입니다. 종이 가진 것은 종의 것이 아니라 바로 주인의 것입니다. 종이 하는 일은 종의 일이 아니라 주인의 일입니다. 그런데 우리는 어떻습니까? 내가 가진 것을 내 것인 양 여깁니다. 내가 하는 일을 내 일인 양 착각합니다. 누가복음 17장 10절의 고백이 바로 예수님 제자의 고백이며, 바로 우리의 고백이 되어야 합니다.

"이와 같이 너희도 명령받은 것을 다 행한 후에 이르기를 우리는 무익한 종이라 우리가 하여야 할 일을 한 것뿐이라 할지니라."

예수님은 히브리서 4장 15절에 의하면, 우리와 똑같은 육체를 가지고 우리와 똑같은 유혹을 받으신 분입니다. 그런데 예수님은 어떻게 인정 욕구에서 벗어나 하나님만 영광 받기를 원하는 삶을 사실 수 있었을까요?

그 답은 바로 기도입니다. 예수님은 기도의 능력으로 사셨습니다. 오늘 본문 16절에도 예수님은 한적한 곳으로 가서 기도하셨습니다. 여기서 '한적한 곳'에 해당하는 헬라어 단어는 '에레모스'입니다. '에레모스'는 '광야'를 지칭할 때 사용된 단어입니다. NIV성경에는 "lonely places"라고 번역되어 있고, 새번역성경에는 "외딴 데"라고 번역되어 있습니다. 예수님은 자신을 드러내지 않으시고, 사람이 찾지 않는 광야, 외롭고 고독한 곳, 외딴 데 가서 기도하셨습니다. 기도를 통해 하나님과 교제하셨습니다. 기도를 통해 하나님의 뜻을 발견하셨습니다. 기도를 통해 하나님께서 맡기신 사명을 온전히 감당하셨습니다.

사랑하는 3355세대 성도님들! 가정 안에서, 직장 안에서, 교회 안에서 열심히 일하고, 열심히 헌신하고, 열심히 봉사했으면,

칭찬의 자리를 찾아다니지 마십시오. 인정에 목말라하지 마십시오. 대신에 다른 사람들이 인정해 주지 않고, 칭찬해 주지 않는 한적한 곳으로 가십시오. 아무도 없는 외롭고 고독한 곳에서 하나님과 일대일로 만나십시오. 하나님께 기도하십시오. 하나님께 기도하면 하나님께서 인정하시고, 칭찬하시고, 위로하시고, 격려해 주십니다. 때로는 나의 잘못을 깨닫게 하시고, 바른 방향으로 돌이킬 수 있는 지혜와 힘을 주십니다.

기도의 가장 큰 유익은 하나님과 가까워지고 하나님과 동행하게 되는 것입니다. 하나님과 친밀하고 하나님과 동행하는 자가 오직 하나님께만 영광 돌릴 수 있는 참된 예수님의 제자 된 삶, 사명자의 삶을 살게 됩니다. 우리 모두 예수님처럼 삽시다! 예수님처럼 평생 사역합시다! 3355세대 성도님들 모두가 진정한 예수님의 제자로 세워지기를 간절히 소망합니다. 아멘.

3355세대를 위한 샘플 설교문 3

주제: **돈**

제목: **돈에 대한 바른 이해**

본문: **아모스 6:1-6**

오늘은 열심히 사회에서 일하면서 버는 돈, 매일 쓰는 돈, 눈만 뜨면 관심 있는 돈에 대해서 생각해 보는 시간을 가지려고 합니다. 우리는 돈을 좋아합니다. 여러분은 돈이 얼마만큼 있으면 만족할 것 같은가요? 1억, 5억, 10억, 20억, 50억, 100억….

과연 얼마가 있으면 만족할 수 있을까요? 돈을 싫어하는 사람은 아마 아무도 없을 것입니다. 우리는 자녀들이 돈을 만진 경우 "더러운 돈 만졌으니까 손 씻어"라고 말합니다. 그러나 우리는 그 돈을 가장 좋아합니다. 서점가에 나가 보면, 돈 버는 방법, 부동산, 주식, 비트코인과 관련된 책이 베스트셀러를 차지하고 있습니다. 3355세대들에게 꿈을 물어보면 "돈 많이 벌고 싶습니다"라는 답을 듣곤 합니다. 돈은 수단과 도구인데, 무슨 일인지 돈이 목적이 되어 버렸습니다.

돈은 칼과 같습니다. 잘 쓰면 맛있는 요리를 해내는 유용한 칼이 되지만, 잘 쓰지 못하면 사람을 죽이는 범죄의 도구가 됩니다. 돈은 버는 것도 중요하지만, 돈을 버는 과정이 더 중요합니다. 여기에 돈을 어떻게 쓰느냐는 더 중요합니다. 돈을 버는 과정, 돈을 쓰는 결과가 선해야 합니다.

돈을 사랑하지 말아야 하는 이유

성경은 돈에 대해서 중립적인 입장을 취합니다. 그러나 돈에 사랑과 신뢰가 들어가면 문제가 있다고 말합니다. "돈을 사랑함이 일만 악의 뿌리가 되나니 이것을 탐내는 자들은 미혹을 받아 믿음에서 떠나 많은 근심으로써 자기를 찔렀도다"(딤전 6:10). 돈 자체가 나쁜 것이 아니라 돈을 믿음으로 사랑하게 되는 것이 문제입니다. 돈을 사랑하게 되면 일만 악의 뿌리가 되는 것입니다.

누가복음 16장 13절은 "집 하인이 두 주인을 섬길 수 없나니 혹 이를 미워하고 저를 사랑하거나 혹 이를 중히 여기고 저를 경히 여길 것임이니라 너희는 하나님과 재물을 겸하여 섬길 수 없느니라"라고 합니다. 재물을 섬기는 것이 문제라는 겁니다. 재물을 믿고 신뢰하는 것이 문제라는 것입니다. 다음 구절인 14절에는 "바리새인들은 돈을 좋아하는 자들이라"고 꼬집고 있습니다. 예수님께서 비판하신 바리새인은 돈을 사랑하는 자들이었습니다. 이것이 예수님께서 바리새인을 싫어하신 이유 중에 하나라고 여겨집니다.

하나님을 믿는 자들은 히브리서 13장 5절의 말씀을 따라야 합니다. "돈을 사랑하지 말고 있는 바를 족한 줄로 알라 그가 친히 말씀하시기를 내가 결코 너희를 버리지 아니하고 너희를 떠나지 아니하리라 하셨느니라."

돈을 사랑하면 안 됩니다. 즉 돈에 가치가 들어가면 안 됩니다. 돈은 목적이 아닙니다. 돈을 사랑하게 되면 돈은 목적이 됩니다. 돈을 사랑하면, 돈을 믿고 돈을 의지하게 됩니다. 하나님께서 돈을 경계하신 것은 이 때문입니다. 돈을 사랑하는 것이 위험한 이유는 돈이 있으면 뭐든 할 수 있게 되니까 하나님을 의지하지 않게 되기 때문입니다. 오직 돈만 의지하게 되기 때문입니다.

현상적으로 보면 돈도 능력이 있습니다. 돈이 신이 되는 이유입니다. 이를 두고 '맘모니즘'이라고 합니다. 돈이 아주 많은 사람은 몸이 아프면 하나님께 기도하기보다 세계 최고의 의사를 찾습니다. 돈이 아주 많은 사람은 자동차가 필요하면, 하나님께 간구하기보다 세계 최고의 승용차를 사 버립니다. 돈이 아주 많은 사람은 집이 필요하면, 하나님께 기도하지 않고 내 돈으로 집을 사 버립니다. 그래서 돈이 많으면 돈을 믿고 의지하며 결국 돈을 사랑하게 됩니다. 하나님이 필요 없어집니다. 하나님을 의지할 필요가 없습니다. 하나님을 찾지 않게 됩니다. 돈만 있으면 하나님이 도와주지 않아도 얼마든지 다 할 수 있다고 착각합니다. 예수님이 낙타가 바늘귀로 나가는 것이 부자가 하나님 나라에 들어가는 것보다 쉽다(막 10:25)고 말씀하신 이유가 여기에 있습니다. 하나님 나라는 하나님을 사랑하고, 하나님을 의지하는 자가 들어갈 수 있기 때문입니다. 돈을 사랑하고 의지하는 부자는 들어갈 수 없는 겁니다.

사랑하는 3355세대 여러분! 돈은 목적이 아니고, 하나님의 목적을 이루기 위한 수단임을 잊지 마시기 바랍니다. 돈을 많이 버는 것이 우리의 꿈이 되어서는 안 됩니다. 돈을 벌고, 그 돈으로 하나님께서 원하시는 꿈을 이루며 사는 것이 우리의 목적이 되어야 합니다.

돈은 수단이기에 있으면 좋은 것이고, 없어도 괜찮은 것입니다. 돈이 없다고 위축되거나 삶의 희망을 잃을 필요가 없습니다. 왜냐하면 돈은 내 인생의 목적이 아니기 때문입니다. 돈이 인생의 목적인 사람은 돈을 잘못 사용하게 됩니다. 돈이 인생의 목적인 사람은 자기가 잘나서 돈을 번다고 착각합니다. 내가 번 돈은 내 것이라고 생각해서 나의 만족을 위해서만 돈을 씁니다. 이것은 돈을 잘못 쓰는 모습입니다. 돈이 수단이 아니라 목적이 된 사람은 결국 돈이 나를 찌르는 칼이 되고 맙니다.

진정한 하나님의 청지기

우리 믿는 자는 내가 가지고 있는 돈, 내가 번 돈은 내 것이 아닌, 하나님의 것이요, 하나님께서 나에게 맡겨 주신 것임을 믿어야 합니다. 바로 돈의 '청지기'가 되어야 합니다. 청지기는 종입니다. 종이 가진 돈은 주인을 위해 사용하라고, 주인이 맡겨 주신 것입니다. 그런데 종이 돈을 받고 자신의 배만 채우며 그 돈으로 교만의 자리에 앉는다고 생각해 보세요. 그 종은 어떻게 될까요? 주인에게서 쫓겨날 것입니다. 우리는 하나님의 청지기입니다. 우리가 가진 돈은 우리의 것이 아니라 하나님께서 맡겨 주신 것입니다. 돈이 많든지 적든지 하나님께서 맡기신 것입니다. 그러니 하나님께서 기뻐하시는 곳에 맡기신 돈을 사용해야 합니다.

그래서 우리는 '청지기 의식'을 가지고 살아야 하는데, '청지기 의식'을 가진다는 것은 돈뿐 아니라, 우리가 가진 지식, 재능, 환경, 경험, 학벌 모든 것이 다 하나님께서 맡기신 것임을 믿고 살아가는 것입니다. 이 청지기 의식을 가진 사람은 절대 교만하지 않습니다. 남보다 조금 더 가졌다고 교만해져서 남을 업신여기고 심지어 갑질을 하는 사람들이 있습니다. 청지기 의식을 가진 사람은 내가 가진 것이 다 하나님의 것이기 때문에 오히려 남보다 더 많이 가진 것이 두렵습니다. 왜 그렇습니까? "각각 은사를 받은 대로 하나님의 여러 가지 은혜를 맡은 선한 청지기같이 서로 봉사하라"(벧전 4:10) 했기 때문입니다. 많이 가질수록 책임이 더 무거워지기 때문입니다. 기업을 창업한 부자 장로님이 하신 말씀이 생각납니다.

"하나님께서 왜 저에게 이렇게 많은 돈을 맡기셨는지 저는 부담이 됩니다. 이 돈을 가지고 하나님의 어떤 일을 하라고 이렇게 맡겨 주셨는지 두렵기까지 합니다. 저는 하나님께서 저에게 맡겨 주신 돈을 하나님께서 기뻐하시는 데 다 쓰고, 죽을 때는 가난하게 죽는 것이 꿈입니다."

이분은 진정한 하나님의 청지기입니다. 현재 이분은 자신의 재산을 출연해서 재단법인을 만들고 하나님의 일만 하고 계십니다.

마태복음 25장에 나오는 달란트 비유 아시지요? 주인이 첫 번째 종에게는 5달란트, 두 번째 종에게는 2달란트, 세 번째 종에게는 1달란트를 맡겼습니다. 그 돈이 종의 것인가요? 아닙니다. 주인의 것입니다. 종은 그 돈을 잘 관리할 책임이 있습니다. 주인이 먼 여행을 갔다가 돌아와서 종을 평가했습니다. 5달란트 받은 자는 열심히 일해서 5달란트를 더 남겼습니다. 그랬더니 주인이 "착하고 충성된 종아"라고 칭찬하십니다. 2달란트 받은 자도 열심히 일해서 2달란트를 더 남겼습니다. 주인이 똑같이 "착하고 충성된 종아"라고 칭찬하십니다. 마지막으로 1달란트 받은 자는 1달란트를 땅바닥에 묻어 두었다가 그대로 1달란트를 가져왔습니다. 그러자 주인은 "악하고 게으른 종아"라고 비판하십니다.

이 비유에서 주인은 하나님이시고, 달란트 받은 종은 우리를 뜻합니다. 이 달란트는 여러분이 가진 재능일 수 있고 돈일 수도 있습니다. 재능이든 돈이든 다 하나님의 것입니다. 우리의 책임은 하나님이 맡기신 것을 땅에 묻어 두는 것이 아니라 하나님의 일을 열심히 하는 것입니다. 착하고 충성된 종은 하나님의 일을 열심히 합니다.

그런데 여기서 중요한 것이 있습니다. 주인은 5달란트 받은 자의 성과든 2달란트 받은 자의 성과든 비교하지 않는다는 것입니다. 하나님은 절대평가만 하십니다. 마찬가지로 우리도 옆 사람이 얼마를, 무엇을 받았든 비교할 필요가 없습니다. 다만 받은 것에 감사하며 최선을 다해 주인 되신 하나님을 위해 내가 가진 것을 사용하면 됩니다.

돈을 제대로 사용하는 방법

오늘 본문을 보면, 돈을 잘못 사용해서 망하게 된 이스라엘이 나옵니다. 아모스 선지자는 베들레헴 남쪽에 있는 드고아에서 출생한 남유다 출신의 예언자입니다. 그런데 아모스는 북이스라엘의 여로보암 2세 때 북이스라엘에 가서 예언을 했습니다. 이때는 북이스라엘이 경제적으로 가장 번성한 때입니다. 그러나 안타깝게도 영적으로는 타락한 시대였습니다. 지도자들은 부패했고, 다른 신을 기웃거리며 혼합주의 신앙을 좇았습니다.

아모스 선지자는 "화 있을진저!" 하고 무서운 말로 예언을 합니다. "무서운 재앙이 너희에게 있을 것이다"라고 경고하는 것입니다. 그런 다음 그 경고를 받아야 할 대상이 누구인지 말합니다. 바로 시온에서 교만한 자와 사마리아산에서 마음이 든든한 자 곧 백성들의 머리인 지도자들을 가리킵니다. 아모스는 북이스라엘에서 활동한 선지자라서 주로 북이스라엘을 향해 경고 메시지를 던졌습니다. 그런데 오늘 본문은 남유다도 포함한 경고입니다. 시온은 남유다의 수도 예루살렘을 뜻하기 때문입니다. 사마리아산은 북이스라엘을 뜻합니다. 한마디로 북이스라엘이나 남유다나 둘 다 타락했다는 것입니다.

아모스는 교만한 자, 마음이 든든한 자 즉 이스라엘의 지도자들에게 경고 메시지를 내고 있습니다. 그런데 이들은 왜 교만하고 마음이 든든해졌을까요? 물질적으로 풍요했기 때문입니다. 돈이 많았기 때문입니다.

북이스라엘이 돈이 많고 부유해진 것은 하나님의 복과 은혜로 말미암습니다. 하나님께서 북이스라엘에게 맡겨 주신 것입니다.

"너희는 갈레로 건너가 보고 거기에서 큰 하맛으로 가고 또 블레셋 사람의 가드로 내려가라 너희가 이 나라들보다 나으냐 그 영토가 너희 영토보다 넓으냐"(암 6:2).

"갈레"는 지금의 티그리스강 건너편의 이스라엘 변방에 있던 수리아의 도시국가입니다. "하맛"도 북이스라엘의 북쪽 경계 지역에 있던 수리아의 도시국가였습니다. "가드"는 블레셋과 이스라엘의 경계에 있던 블레셋의 도시였습니다. 이 지역들의 공통점은 북이스라엘 주변에 있던 변변찮은 도시라는 것입니다. 왜 이런 도시들로 가 보라는 겁니까? 북이스라엘이 주변 지역들보다 잘사는 것은 북이스라엘이 그들보다 잘나서가 아니라 하나님이 은혜를 주시고 복을 베푸셨기 때문이라는 걸 알라는 겁니다. 즉 돈을 주신 분은 하나님이시라는 것입니다.

그러나 이들은 자신이 잘나서, 정치를 잘해서 국가가 부유하고 강성해졌다고 생각했습니다. 하나님께서 은혜와 복을 베푸신 덕분이라 생각하지 않았습니다. 그러니 이들은 자기 배를 채우는 데만 관심이 있었습니다. 부유한 돈으로 자기만 잘 먹고 잘 살며 만족하고자 했습니다.

3절을 보면, 그들은 포악한 자리로 갔습니다. 즉 악을 행하는 데 돈을 썼다는 것입니다. 4절에선 "상아상에 누우며 침상에서 기지개 켜며 양 떼에서 어린 양과 우리에서 송아지를 잡아서 먹고"라고 고발합니다. 자기 배만 불리는 데 몰두하고 있습니다. 5절은 "비파 소리에 맞추어 노래를 지절거리며 다윗처럼 자기를 위하여 악기를 제조하며" 쾌락에 몸을 맡겼다고 말합니다. "노래를 지절거리며"에 해당하는 히브리어 단어는 어떤 특별한 규칙이나 질서도 없이 불러대는 노래를 말합니다. 술을 퍼마시고 혼수상태가 되어서 노래를 부르는 것입니다. 그뿐이 아닙니다. 이들은 다윗의 이름을 빙자해서 오직 자기를 위해서 악기를 만들었습니다. 구약시대에 악기는 성전에서 하나님을 찬양하기 위해 만들어졌습니다. 그런데 하나님을 찬양하는 도구가 술 마시고 놀며 육체적 쾌락을 더 극대화하기 위해 만들어졌다는 겁니다.

"대접으로 포도주를 마시며 귀한 기름을 몸에 바르면서"(6절)에서 '대접'은 성전에서 제사를 위해 사용하는 대야를 가리킵니다. 한마디로 하나님께 제사드릴 때 사용하는 거룩한 기구입니다. 그런데 그 거룩한 기구에 포도주를 담아서 취하도록 마셨다는 것입니다. '귀한 기름'도 성전 기구에 바르는 거룩한 성물입니다. 이 역시 자기 몸을 바르는 데 사용했습니다. 정말 말도 안 되는 짓을 저지르고 있는 것입니다.

이들이 왜 이렇게 타락했습니까? 돈이 내 것이라고 착각했기 때문입니다. 북이스라엘의 지도자들은 많은 돈이 하나님에게서 온 것이라 여기지 않았습니다. 내가 잘나서 번 내 것이라고 생각했습니다. 내 것이라고 생각하니까 그 돈을 오직 자신의 배를 불리고, 쾌락을 추구하는 데만 쓴 것입니다. 이들은 돈은 하나님이 맡기신 것이라는 생각도, 하나님의 영광을 위해 돈을 쓰겠다는 생각도 전혀 없습니다. 청지기 의식이 조금도 없습니다.

아모스는 6절 뒷부분에서 돈을 어떻게 사용해야 하는지 알려 줍니다. “요셉의 환난에 대하여는 근심하지 아니하는 자로다.” 요셉의 환난에 대해 근심하며 돈을 사용해야 한다는 것입니다. 무슨 뜻입니까? 여기서 우리는 돈을 어떻게 사용해야 하는지를 배우게 됩니다.

첫째, 어려울 때 환난 중에서 건져 주신 하나님의 은혜를 생각하며 돈을 사용하는 것입니다.

요셉은 어떤 사람입니까? 아버지의 사랑을 받는다는 이유로 형제들의 미움을 받아 형제들에 의해 구덩이에 던져졌다가 이집트로 팔려 간 사람입니다. 이집트에 팔려 가서는 보디발의 집에서 종노릇하며 비참한 신세에 처하게 됩니다. 사랑받는 아들에서 그 당시 동물과 다를 바 없던 종의 신분으로 전락한 것입니다.

그러나 요셉은 종이지만 열심히 일하며 성실하게 삽니다. 요셉이 무엇을 잘못했습니까? 요셉은 아무 이유 없이 고난을 겪었습니다. 거기서 고난이 끝나면 좋겠는데, 보디발의 아내의 유혹을 뿌리치다가 누명을 쓰고 감옥에 갇히게 됩니다. 올바로 살고자 했으나 또 아무 이유 없이 고난에 처하게 되었습니다. 너무나 억울한 신세입니다. 그러나 감옥에서 왕의 신하의 꿈을 해몽해 준 덕분에 나중에 이집트 왕 바로의 꿈을 해석해 주게 되었고, 이를 계기로 총리의 자리까지 오르게 됩니다.

이 모든 고난의 세월을 요셉이 견딜 수 있었던 이유가 무엇일까요? 바로 하나님이 요셉과 함께하셨기 때문입니다. 요셉은 하나님께서 도와주셔서 하나님의 은혜로 그 모든 고난을 이겨 낼 수 있었습니다. 결국 총리의 자리에까지 오르는 놀라운 경험을 하게 되었습니다. 창세기의 말씀에서 하나님이 늘 요셉과 함께 하셨음을 알 수 있습니다.

"간수장은 그의 손에 맡긴 것을 무엇이든지 살펴보지 아니하였으니 이는 여호와께서 요셉과 함께하심이라 여호와께서 그를 범사에 형통하게 하셨더라"(창 39:23).

고난 중에도 하나님의 손은 항상 요셉과 함께하셨습니다. 저는 이런 묵상을 해봅니다. 만약 하나님께서 요셉과 함께하시지 않았다면 형들에게 미움을 받아 구덩이에 던져졌을 때 벌써 죽었을 것이라고 말입니다. 그 당시 구덩이는 우물을 발견하기 위해 팠습니다. 그러니까 웬만한 구덩이는 매우 깊고, 물을 발견했다면 그 구덩이에 어느 정도 물이 고여 있었습니다. 만약 요셉이 던져진 구덩이에도 물이 있었다면 요셉은 익사해서 죽었을 것입니다.

오늘 본문의 북이스라엘 백성들은 하나님의 은혜로 그 고난들을 이겨 낸 요셉을 자신의 조상으로 자랑하며 살았습니다. 언제나 요셉의 자손이라고 말하며 살았죠. 하지만 정작 자신의 조상 요셉이 왜 아무 이유 없이 그렇게 힘든 삶을 살았는지 그리고 하나님께서 어떻게 그 힘든 상황을 이기게 하셨는지 생각하지 않았습니다. 관심이 없었습니다.

사람은 힘든 상황에 놓였을 때, 또 힘든 상황을 떠올릴 때 겸손해집니다. 그 힘든 상황을 이기게 하신 하나님의 은혜를 생각하면 겸손해지는 것입니다.

제가 미국에서 공부할 때 돈이 없었습니다. 심지어 탄산 사과

주스를 사 먹을 돈이 없어 학교 앞 카페에 진열된 탄산 사과주스를 눈으로만 쫓다가 지나가곤 했습니다. 저는 지금 제일 좋아하는 주스가 탄산 사과주스입니다. 그리고 탄산 사과주스를 마실 때마다 그 시절이 생각납니다.

재정적으로 힘들었을 때, 돈이 없어서 힘들었을 때를 생각하며 돈을 사용하면 엉뚱한 데 쓰지 않게 됩니다. 어려울 때 내 삶을 인도해서 그 상황을 극복하게 해주신 하나님의 은혜를 생각하며 돈을 사용하면 오직 내 만족만을 위해 함부로 돈을 쓰지 않게 됩니다.

생명을 살리는 데 돈을 사용하라

둘째, 생명을 살리는 데 돈을 사용하는 것입니다. 생명을 살리는 것이 우리 인생의 사명이 되어야 합니다.

여러분! 요셉의 꿈은 무엇이었지요? 혹시 요셉이 꿈 잘 꿔서 이집트 총리가 되었다고 생각할지도 모릅니다. '우리도 요셉처럼 꿈을 꾸고 큰 꿈을 이루자'가 요셉 이야기의 핵심입니까? 아닙니다. 요셉이 이집트 총리가 된 것이 중요한 것이 아닙니다. 하나님께서 왜 요셉을 이집트에 팔려 오게 하시고, 결국 이집트의 총리가 되도록 인도하셨는지가 요셉 이야기의 핵심인 것입니다. 왜 하나님은 요셉을 이집트 총리로 삼으셨을까요?

하나님께서 요셉을 이집트의 총리로 세운 이유는 바로 생명 구원 때문입니다. 즉 하나님께서 요셉에게 허락하신 사명은 이집트 총리가 아니라 생명 구원입니다. 이집트 총리는 생명 구원을 위한 수단일 뿐입니다.

창세기 50장 20절에서 요셉은 이렇게 말합니다. "당신들은 나를 해하려 하였으나 하나님은 그것을 선으로 바꾸사 오늘과 같이 많은 백성의 생명을 구원하게 하시려 하셨나니."

하나님께서는 고대 서아시아 지방에 7년 대풍년이 왔을 때 곡식을 잘 저장하게 한 다음, 그다음 7년 대흉년 때 창고에 모아 둔 곡식을 꺼내 골고루 분배해서 요셉의 가족은 물론 사람들이 굶어 죽지 않도록 하려고 요셉을 이집트 총리로 세우셨습니다. 당시 이집트는 서아시아에서 최강대국이었기 때문에 이집트 총리 정도는 되어야 이러한 영향력을 행사할 수 있었습니다.

그렇다면 하나님께서 기뻐하시는 사명의 구체적인 내용은 무엇일까요? 그 답은 요셉 이야기를 통해 알 수 있습니다. 하나님께서 기뻐하시는 사명은 바로 생명을 살리는 일입니다. 우리는 육체의 생명, 정신의 생명, 영의 생명을 살려야 합니다.

오늘날에도 못 먹어서 죽어 가는 사람이 참으로 많습니다. 제대로 된 치료를 받지 못해 죽어 가는 사람도 많습니다. 못 먹어서 죽어 가는 사람, 제때 치료 받지 못해 죽어 가는 사람을 위해 돈을 쓰는 것, 이것이 하나님이 기뻐하시는 사명을 감당하는 일입니다.

또한 우리 주변에는 우울증으로 인해 생명력을 잃는 사람들이 많습니다. 그들과 함께하며 위로하고 마음에 활력을 불어넣는데 하나님이 맡기신 돈을 사용해야 합니다.

한편, 예수님을 모르고 죽어 가는 존재는 또 얼마나 많습니까?

바울이 "내가 달려갈 길과 주 예수께 받은 사명 곧 하나님의 은혜의 복음을 증언하는 일을 마치려 함에는 나의 생명조차 조금도 귀한 것으로 여기지 아니하노라"(행 20:24) 했듯이, 복음을 전해서 영의 생명을 살리는 것이 우리의 사명입니다. 국내 전도와 해외 선교를 위해 하나님께서 우리에게 맡기신 돈을 사용할 수 있어야 합니다.

이렇게 돈을 사용하는 사람이 바로 보물을 하늘에 쌓아 두는 사람입니다. "오직 너희를 위하여 보물을 하늘에 쌓아 두라 거기는 좀이나 동록이 해하지 못하며 도둑이 구멍을 뚫지도 못하고 도둑질도 못하느니라"(마 6:20). 이 세상에서 다른 사람의 생명을 살리는 데 돈을 쓰는 것은 하늘에 상급을 쌓는 투자입니다.

신약의 바나바는 정말 대단한 사람입니다. 바나바는 하나님께서 자신에게 맡기신 돈을 모두 털어 초대교회 성도들과 같이 사용했습니다. 우리는 대개 내가 쓸 만큼은 남겨 두고 남은 돈을 남을 위해 내놓습니다. 하지만 바나바는 내 것 하나 남기지 않고 내놓았습니다. 우리는 이 위대한 인물 바나바를 기억해야 합니다.

종교개혁자 마틴 루터는 이렇게 말했습니다. "지갑이 회개해야 진정한 회개다."

돈은 수단입니다. 그리고 내게 들어온 돈은 내 것이 아니라 하나님의 것입니다. 열심히 땀 흘려 돈을 벌되 요셉의 고난을 생각하며 사용하기 바랍니다. 어려울 때를 생각하고 어려움을 극복하게 해주신 하나님의 은혜에 감사하며 겸손히 물질을 사용하시기 바랍니다. 육체의 생명을 살리는 일, 정신의 생명을 살리는 일, 예수 그리스도의 복음을 전해서 영의 생명을 살리는 일에 우리의 물질을 사용합시다! 이 사명을 감당하며 열심히 살아가는 3355세대 성도님들이 되시기를 간절히 소망합니다.

주제: **가족 관계**

제목: **하나님의 사랑이 넘치는 가족**

본문: **요한복음 13:34-35**

여러분도 알다시피 기독교 신앙에서 가장 중요한 것은 사랑입니다. 사랑은 하나님의 성품과 하나님의 능력이라고 성경은 증언합니다. 갈라디아서 5장 22-23절에는 성령의 9가지 열매가 열거됩니다. 이 9가지 열매는 곧 하나님의 성품, 하나님의 인격입니다. '사랑, 희락, 화평, 오래 참음, 자비, 양선, 충성, 온유, 절제'가 바로 하나님의 성품, 하나님의 인격입니다. 이중 첫째가 사랑입니다. 이 사랑은 나머지 8가지 성품을 포함합니다. 사랑 안에 참된 기쁨이 있고, 싸우지 않는 화평이 있고, 오래 참는 인내가 있고, 용서할 수 있는 자비가 있고, 선을 행하는 양선이 있고, 온전히 헌신하는 충성이 있고, 겸손하면서 친절함을 실천하는 온유가 있고, 나쁜 것을 끊어 내는 절제가 있는 것입니다.

한편, 로마서 12장 6-8절에는 하나님의 능력이 무엇인지가 나옵니다. 예언의 능력, 섬기는 능력, 가르치는 능력, 위로하는 능력, 구제하는 능력, 다스리는 능력, 긍휼을 베푸는 능력이 그것입니다. 고린도전서 12장 8-10절에는 지혜의 말씀 능력, 지식의 말씀 능력, 믿음의 능력, 병 고치는 능력, 능력 행함의 능력, 예언의 능력, 영들 분별의 능력, 각종 방언 말함의 능력, 방언 통역의 능력이 나옵니다. 이 능력은 레벨이 똑같은 능력입니다.

그런데 고린도전서 12장 31절에는 "너희는 더욱 큰 은사를 사모하라"고 나옵니다. 더욱 큰 하나님의 능력이 있다는 것입니다. 이 말씀이 있은 후에 '사랑장'으로 알려진 고린도전서 13장으로 넘어갑니다. 하나님의 능력 중 가장 큰 능력은 사랑입니다. 하나님의 성품을 대변하는 것도 사랑이고, 하나님의 능력 중에 제일 큰 것도 사랑입니다. 그래서 하나님은 사랑 그 자체입니다.

"하나님은 사랑이심이라"(요일 4:8).

하나님의 존재 자체가 사랑입니다. 사랑 그 자체인 하나님께서 우리를 사랑하셨습니다.

하나님이 우리를 아가페 사랑으로 사랑하신 이유

우리말은 '사랑' 하나밖에 없지만 헬라어는 사랑을 네 가지로 표현합니다. 첫째가 '필리아'입니다. 동성 간의 우정을 의미합니다. 둘째는 '에로스'로 남녀 간의 육체적인 사랑을 뜻합니다. 셋째는 '스토르게'로 부모가 자녀를 향한 사랑을 의미합니다. 마지막 넷째는 '아가페'로 인간을 향한 하나님의 사랑을 말합니다.

필리아, 에로스, 스토르게와 아가페의 차이는 무엇일까요? 필리아, 에로스, 스토르게는 조건적인 사랑입니다. 나랑 맞는 부분이 있으니까 우정도 생기고, 내 마음에 드는 부분이 있으니까 남녀 간에 사랑도 생기는 것입니다. 스토르게는 조건을 뛰어넘는 사랑인 것처럼 보이지만 거기에도 조건은 있습니다. 내 딸, 내 아들, 내 핏줄이니까 사랑하는 것입니다. 이것이야말로 엄청난 사랑의 조건입니다. 그러나 아가페 사랑은 조건을 뛰어넘는 무조건적인 사랑입니다. 로마서 5장 8절은 "우리가 아직 죄인 되었을 때에 그리스도께서 우리를 위하여 죽으심으로 하나님께서 우리에 대한 자기의 사랑을 확증하셨느니라"고 말합니다. "우리가 죄인되었을 때에" 하나님께서 우리를 사랑하시는 사랑이 아가페입니다. 완전히 거룩하신 하나님께서 제일 미워하시는 것이 바로 죄인데, 그 죄로 얼룩진 우리를 사랑하셔서 하나밖에 없는 독생자 예수 그리스도를 우리 죄를 대신해 십자가에서 죽게 하신 사랑이 바로 아가페 사랑입니다. 그야말로 무조건적이고 절대적인 사랑입니다. 가까이하고 싶지 않은데, 가까이하시는 사랑입니다. 희생할 가치가 없는 대상을 위해 희생하는 사랑이고, 사랑할 수 없는 대상을 사랑하는 사랑입니다.

여러분은 이 놀라운 하나님의 아가페 사랑을 받았습니까? 하나님께서 우리를 아가페 사랑으로 사랑하신 이유가 무엇이라고 생각하십니까? 우리만 아가페 사랑을 받고 행복하게 살라는 것입니까? 아가페 사랑을 받고 누리려고만 한다면 그것은 하나님의 뜻을 제대로 모르는 것입니다.

하나님께서 우리를 아가페 사랑으로 사랑하신 이유는 바로 하나님의 아가페 사랑을 받은 자들이 다른 사람들을 아가페 사랑으로 사랑하게 하기 위해서입니다.

오늘 본문에서 예수님은 새 계명을 말씀하십니다. 오늘 본문은 예수님이 십자가에 달리시기 전에 제자들을 모으고 고별 설교를 하신 장면입니다. 유언과도 같은 고별 설교였으니 그 어느 것보다 중요한 말씀입니다.

"새 계명을 너희에게 주노니 서로 사랑하라 내가 너희를 사랑한 것같이 너희도 서로 사랑하라"(요 13:34).

요한복음 15장 12절에서 예수님은 다시 한번 이 말씀을 강조하십니다.

"내 계명은 곧 내가 너희를 사랑한 것같이 너희도 서로 사랑하라 하는 이것이니라."

이 새 계명을 지키는 사람이 예수님의 제자입니다. 그런데 여기서 '사랑'은 모두 '아가페' 사랑입니다. "내가 너희를 사랑한 것같이"에서도 아가페이고 "너희도 서로 사랑하라"에서도 아가페입니다. 하나님은 우리를 아가페 사랑으로 사랑하셨고, 그 아가페 사랑을 받은 자도 동일하게 아가페 사랑으로 사람을 사랑해야 한다는 말씀입니다. 그래서 기독교가 말하는 사랑은 절대 쉬운 것이 아닙니다. 유행가 가사에 나오는 감정으로만 이루어진 사랑이 아닙니다. 상당히 무거운 부담이 요구되는 사랑입니다.

예수님은 이 자리에서 제자들의 발을 씻기시는 세족식을 거행하십니다. 예수님께서 제자들의 발을 씻기신 이유가 무엇입니까? 제자들을 사랑해서? 마지막 이벤트로? 정답은 요한복음 13장 14-15절에 나옵니다.

"내가 주와 또는 선생이 되어 너희 발을 씻었으니 너희도 서로 발을 씻어 주는 것이 옳으니라 내가 너희에게 행한 것같이 너희도 행하게 하려 하여 본을 보였노라."

예수님께서 내 발을 씻어 주시는 것에만 만족하면 안 된다는 것입니다. 예수님께서 내 발을 씻겨 주신 것을 경험했으면 똑같이 다른 사람의 발을 씻겨 주라는 겁니다. 그러니까 세족식은 예수님이 명령하신 새 계명을 행동으로 보여 주신 것입니다.

마치 송구영신 예배 때 촛대에서 불을 받았으면 그 불을 옆 사람에게 전달해야 하는 것처럼, 하나님의 사랑이 나에게 전달되었으면 그 하나님의 사랑을 다른 사람에게 전해야 하는 것입니다.

아가페 사랑을 흐르게 하려면

우리가 아가페 사랑으로 다른 사람을 사랑할 때 필요한 전제는 무엇일까요? 바로 하나님의 아가페 사랑을 계속해서 받는 것입니다. 이 아가페 사랑은 원수를 사랑하는 사랑입니다. "나는 너희에게 이르노니 너희 원수를 사랑하며 너희를 박해하는 자를 위하여 기도하라"(마 5:44)는 말씀을 따라 원수를 내 의지로 사랑할 수 있습니까? 불가능합니다. 아가페 사랑은 우리의 불완전한 의지로 할 수 있는 것이 아닙니다. 내 안에 아가페 사랑이 채워져야 자연스럽게 흘러갈 수 있습니다.

내 컵에 마실 물이 10%밖에 채워져 있지 않은데 옆 사람의 컵에 물을 부어 줄 수 있습니까? 내 컵에 물이 마르지 않게 계속 채워진다면 얼마든지 옆 사람에게 물을 부어 줄 수 있습니다. 컵에 물이 넘치면 자연스럽게 내 옆의 컵으로 흘러가게 됩니다. 우리가 아가페 사랑으로 사랑하려면 하나님의 아가페 사랑을 계속해서 받아야 합니다. 하나님과의 만남의 자리가 왜 중요합니까? 그것은 하나님의 사랑을 받는 자리이기 때문입니다. 하나님은 사랑이시기 때문에 하나님과 만나면 하나님의 아가페 사랑이 임하게 되는 것입니다.

하나님의 아가페 사랑을 받기 위해 지금 하나님과의 만남의 자리에 계속 있으십시오. 기도하며 하나님의 아가페 사랑을 지금 받으십시오. 말씀을 읽고 들으며 하나님의 아가페 사랑을 지금 받으십시오. 예배드리며 하나님의 아가페 사랑을 지금 받으십시오. 전도와 봉사를 하며 하나님의 아가페 사랑을 지금 받으십시오. 지금, 현재형으로 하나님을 뜨겁게 만나고 하나님을 경험하시는 저와 여러분이 되기를 소망합니다.

저는 간증을 좋아합니다. 그런데 간증은 과거형이 되어서는 안 됩니다. 현재진행형이어야 합니다. 많은 크리스천들의 신앙생활을 비유하면 이렇습니다. 냇가에 가서 두 손을 물에 담그고 물을 뜹니다. 그러고는 집으로 가져옵니다. 그러면 물은 어떻게 되나요? 다 새 나가서 두 손에는 물이 없습니다. 그런데도 내 손에 물이 계속 남아 있다고 착각합니다.

"5년 전 수련회에서 하나님을 뜨겁게 만났다." "10년 전 부흥회에서 하나님의 은혜를 충만하게 경험했다." 이것은 5년 전, 10년 전에 손에 담은 물이 아직도 남아 있다고 말하는 것과 같습니다.

하나님의 아가페 사랑이 내 안에 채워져 있다고 착각하고 있는 겁니다.

과거형의 신앙인은 마른 장작 같아서 열정도 없고, 사랑도 없고, 신앙의 성숙도 없습니다. 지금 내 안에 하나님의 은혜와 하나님의 아가페 사랑이 가득 차 있어야 합니다. 그러려면 어떻게 해야 합니까? 냇가에 가서 흐르는 물에 내 두 손이 담겨 있으면 내 두 손안에 물이 있는 것처럼, 지금 하나님과의 만남의 현장, 은혜의 강가에 내 존재가 있어야 합니다. 계속 하나님과 뜨겁게 만나고 하나님의 아가페 사랑을 충만하게 받아야 합니다.

나와 이웃을 아가페 사랑으로 사랑하라

다른 사람을 아가페로 사랑할 때 필요한 전제는 바로 나 자신부터 아가페로 사랑해야 한다는 것입니다. 마태복음 22장 39절은 "네 이웃을 네 자신같이 사랑하라"고 말씀합니다. 여기서 사랑도 아가페 사랑입니다. 이 말씀은 예수님께서 레위기 19장 18절("원수를 갚지 말며 동포를 원망하지 말며 네 이웃 사랑하기를 네 자신과 같이 사랑하라 나는 여호와이니라")을 인용하신 것입니다. 다른 사람을 아가페 사랑으로 사랑하려면 먼저 나 자신을 아가페 사랑으로 사랑해야 합니다. 그럴 때 다른 사람을 아가페 사랑으로 사랑할 수 있습니다.

3355세대들이 삶의 무게 때문에 어깨가 축 늘어져 있습니다. 끊임없이 비교하고 평가하고 경쟁하는 사회에서 살다 보니 자기도 모르게 자신을 비난하고 지적하기 바쁩니다. '나는 왜 이렇게 못났을까?' '나는 왜 이렇게 가진 게 없지?' 자격지심, 열등감에 시달리니 내가 나를 사랑하기가 어렵습니다.

먼저 나를 사랑하십시오. 하나님께서 여러분을 향해 이렇게 말씀하십니다.

"너희는 택하신 족속이요 왕 같은 제사장들이요 거룩한 나라요 그의 소유가 된 백성이니 이는 너희를 어두운 데서 불러내어 그의 기이한 빛에 들어가게 하신 이의 아름다운 덕을 선포하게 하려 하심이라"(벧전 2:9).

하나님께서 여러분을 이런 관점으로 바라보신다는 사실을 믿고, 자기 자신을 사랑하기 바랍니다.

아가페 사랑으로 사랑할 가장 가까운 이웃은 누구입니까? 바로 가족입니다. 가장 가까운 가족부터 아가페 사랑으로 사랑해야 하는 것입니다.

오늘 본문에서 눈여겨볼 부분은 바로 "너희도 서로 사랑하라" 입니다. 예수님이 말씀하신 현장에 있던 이들은 제자들입니다. 가장 가까운 제자들끼리 먼저 아가페 사랑으로 사랑하라는 것입니다. 하나님께서 가족으로 묶어 주신 사람부터 아가페 사랑으로 사랑하라는 것입니다. 가장 가까운 아내와 남편, 자녀들부터 아가페로 사랑하라는 것입니다.

그런데 이것이 쉽지 않습니다. 부부간에 의견 충돌이 얼마나 많습니까? 사춘기 자녀와 얼마나 자주 갈등합니까? 그래서 예수님도 "사람의 원수가 자기 집안 식구리라"(마 10:36)고 말씀하셨습니다. 끊임없이 갈등하고 충돌하고 심지어 싸우기 쉬운 가족이기 때문에 아가페 사랑이 요구됩니다. 언제나 변함없이 우리 가족을 품고 용서하고 사랑하기 위해서 아가페 사랑을 실천해야 합니다.

예수님은 "너희가 서로 사랑하면 이로써 모든 사람이 너희가 내 제자인 줄 알리라"(요 13:35)고 말씀하셨습니다. 하나님을 믿는 우리 가족이 서로 아가페 사랑으로 사랑하면 주변의 믿지 않는 가족이 우리 가족을 "하나님의 사람들이다, 예수님의 제자들이다"라고 인정하게 된다는 것입니다. 그들이 이 아가페 사랑을 사모해서 하나님께 나아올 것입니다.

사랑하는 3355세대 성도님들! 가정 안에서 먼저 아가페 사랑을 실천합시다. 그리고 점차 넓어져서 예수님을 모르는 사람도 사랑하고, 더 넓어져서 예수님께서 마태복음 5장 44절("나는 너희에게 이르노니 너희 원수를 사랑하며 너희를 박해하는 자를 위하여 기도하라")에서 말씀하신 우리를 박해하고 괴롭히는 원수들까지도 아가페 사랑으로 사랑합시다! 이렇게 살아가는 자들이 바로 예수님의 제자입니다.

하나님의 아가페 사랑을 많이 받으시고, 그 사랑으로 서로 사랑함으로 말미암아 하나님의 뜻을 이루는 3355세대 가족이 되시기를 주님의 이름으로 간절히 소망합니다. 아멘.